はじめに

宗門の同和問題に関わる歴史を顧みれば、ある意味で、現在、宗門が進めている同朋会運動の先駆的役割を果たすものであります。

すでに、一九二一（大正十）年、武内了温師が、初代社会課主事就任以来、宗門には、真身会、大谷派同和委員会としてこの問題に身を挺してこられた人びとの歴史があります。そして、宗門の同和問題の基本は、宗門自身の差別的体質の変革ということにありました。

爾来、半世紀にわたるその方がたの叫びは、必ずしも宗門に受けとめられ理解されるに至りませんでした。そのことは、一九六九（昭和四十四）年の難波別院事件、あるいは、その翌一九七〇（昭和四十五）年の『中道』誌事件、さらにはそれ以降八度にわたって続けられた宗門への糾弾によっても明らかであります。

これらのたび重なる差別事件は、一つには、宗門の行政組織の差別的体質と、二つには、宗門の教学が、すなわち、誤った真宗理解が保持する差別的体質が露呈したものと申さねばなりません。

これらの、宗門に対して指摘される体質の変革は、宗門の歴史が永いだけに、容易ならぬ情熱と努力を要請しております。

しかしながら、わたくしたちは、宗祖親鸞聖人の教えをいただいています。宗祖の教えをいただくものは、

「そもそもかの御在生《ざいしょう》のむかし、おなじこころざしにして、あゆみを遼遠《りょうおん》の洛陽《らくよう》にはげまし、信をひとつにして心を当来の報土《ほうど》にかけしともがら」(『歎異抄』)

であります。

その想いをあらためて噛みしめつつ、この困難な課題に立ち向かうことができます。

昨年、宗門がその全体を挙げて同和問題に取り組むべく同和推進本部構想を発足せしめてから、まず、真宗門徒がこの課題を自らの信仰生活の中に荷負することを願って作製を進めてきたのが、この『仏《みほとけ》の名《みな》のもとに』であります。

宗門の同和運動推進の基本姿勢は、同朋会運動と並列するものではありません。同朋会運動が同和運動推進の母胎となり、同和運動の推進がまた同時に、同朋会運動の正しさの証となるものであります。

同朋の会テキスト『宗祖親鸞聖人』とともに、この『仏の名のもとに』が用いられることによって、仏弟子たるものの生活が確立されることを念ずるものであります。

一九七八(昭和五十三)年十月

真宗大谷派
宗務総長　嶺　藤　亮

目　次

はじめに
解　説……6
第一章　部落差別をどのように学ぶか……9
第一節　人間、この尊きもの……11
1　人格を奪うもの……11
2　かけがえのない人生……15
3　交わりのなかから……18
第二節　浄土を生きる……20
1　本願のくに……20
2　自身を知る……24
3　信心《まこと》の世界……27
第三節　一子地《いっしじ》……31

1 地獄におちたりとも……31
2 人生の同行者《どうこう》……34
3 御同朋の世界……38

第二章　部落差別をどのようにして生みだしたか……43

第一節　身　分……45
1 封建社会のしくみ……45
2 幕藩体制と真宗教団……50
3 維新の「解放令」……54

第二節　分割支配……62
1 封建社会の原理……62
2 徳川封建社会の思想……64
3 仏教と儒教倫理……69

第三節　さまざまの起源説……73
1 職業倫理……73
2 宗教起源説……77
3 異民族説……82

第三章　いかにして部落差別を克服するか……89
第一節　差別問題の照準……91
1　見えざる差別に……91
2　わが心に問う……94
3　朽《く》ちざる解放への祈り……97
第二節　念仏の心……101
1　仏道に背《そむ》くもの……101
2　憫《あわ》れみと悲しみ……104
3　浄土の慈悲……107
第三節　平等覚……110
1　四姓平等……110
2　浄華《じょうけ》の人びと……113
3　四海兄弟《けいてい》……116
『仏の名のもとに』改版第八刷発行にあたって……120
―本書における「同和」の語の使用について―

解説

部落差別問題学習テキストとして、この小冊子は、三章から構成されている。

第一章は、「部落差別をどのように学ぶか」である。ここで主要な力点は、部落差別という一つの社会的現実が、被差別部落の人たちだけの問題であり、真宗信仰の問題とは別個の社会的政治的課題であるという考え方を克服することにある。

部落差別にかかわる心は、わたしたちにとっては、法蔵菩薩の願心に発起するところである。しかし、その願心の現実は、ただ人間の愛憫による慈悲心ではない。

そのとき、法蔵の願心とは、如来の怒りをあらわす心である。怒りを忘れた慈悲心、怒りなき信仰は、無性格であり、そこに何らの行証はない。

今日、宗教を語り、信心を学ぶ人は多い。しかし、そこに怒りもてまことを求める人は少ない。法蔵の願心は、もと純粋な憤怒の言葉ではなかろうか。

『大経』勝行段には、法蔵の徳行が、「不生欲覚瞋覚害覚　不起欲想瞋想害想」とある。「欲・瞋・害」というのは、正しく法蔵の本願が、深い怒りから発起していることを物語っている。

そして、本願の第一歩は、「国に地獄・餓鬼・畜生あらばわれ正覚ならじ」である。

信心は凡夫の心に興起した法蔵の願心である。されば信心は、まことなき世にまことを求める心に始まり、まことなき世にまことに生きんとすることに帰すといってよい。

浄土の慈悲とは、汚濁に憤怒する心の浄化せられたものにほかならない。部落差別を学ぶ心の根底に、そのような、願心を明らかにしてゆくことを求めて、この章が設けられているのである。

第二章「部落差別をどのようにして生みだしたか」については、第一章の視座を歴史的に証明することが中心である。

しかし、それは単に、もの識りになるために記述したのではない。むしろ、そのような歴史の反省の中で、部落差別を温存し助長してきた真宗教団が、現に如何に非真宗化しているか、つまり、宗祖親鸞聖人によって明らかにされた、末法の真実教たる意義を見失っていることを明らかにせんためである。

正像末の三時教史観は、宗祖の三願転入の体験的史観である。このような史観に立つとき、部落差別を生みだしてきた歴史は、自らの宗教体験と別個なものではない。

第三章「いかにして部落差別を克服するか」は、部落差別が、われわれの歴史のなかで生みだされてきたことへの反省をとおし、ただに、この問題が被差別部落の政治的改善に終わるものでなく、日本人一人ひとりの差別する心の課題であることに照準を当てなければならないものであることを明らかにした上で、われわれの部落差別を克服する実践が、具体的な日常生活の実践課題であることにまで、主体化されることを求めたものである。

われわれにとって、部落差別を克服することは、畢竟は、この地上に浄土真宗の名における魂の解放区を実現することにある。

したがって、部落差別問題は、われわれの教団それ自身の差別構造を問い返し、われわれの日常生活における差別する心をえぐり出し、「仏《みほとけ》の名《みな》のもとに」生きる仏弟子たることを要請してくるのであろう。「仏の名のもと」に生きるとは、単に家を出、姓名を捨てることでなく、「愚禿(釈)」を共に姓とすることにほかならない。

真宗念仏を聞くとは、如来の心を身に実証する人生を獲得することにほかならない。そうして初めて、われわれは、宗祖親鸞聖人と共に浄土を歩むことができるであろう。

したがって、このテキストはけっして完全なものとしてとりあつかってはならない。むしろ、このテキストを手にする人は、あらためて、自分が、自分の生涯に座右とすべき、自分のテキストを創るつもりで読みはじめてほしい。問題があれば、推進本部に指摘しつつ、推進本部と共に考えてくださることをお願いしたい。

テキスト全体の構想は、五分冊としている。そして、その内容は、この第一分冊をさらに各分冊において詳説することになる。したがって第二分冊以降は、この第一分冊への読者の問題指摘の中から形成される。

こうして、われわれの部落差別問題学習のテキスト作製の過程そのものが、運動となることを願うものである。

解放運動推進本部

第一章　部落差別をどのように学ぶか

歴史的現実

（社会のしくみ）

第一節　人間、この尊きもの

1　人格を奪うもの

生活するわたしたちの身のまわりには、いつの時代にも醜い争いや殺しあい、貧困や差別などがあったことはたしかですが、今日ほど、一見、平和な装いの日々とはうらはらに、人びとの心に巣くっている牢固として抜きがたい部落差別が、社会の現実として明らかにされたときもなかったと申してよいかと思います。

部落差別とは、差別するものの意識と行動によって、人格(1)を奪いとっているという歴史的現実(2)であります。

それは、わたしたちの社会のしくみの問題であると同時に、わたしたち一人ひとりの心のなかに、ながい歴史のなかで深く刻《きざ》み込まれた、被差別部落の人たちへの蔑《さげす》みや恐れが理由なき差別(3)として現《あらわ》れているものといえます。

部落差別は、被差別部落をただ、一般の社会とは別の社会として区別しているというだけでなく、わたしたちの社会が、被差別部落を構造的に要請しているのであります。

差別しているものの課題

(基本的人権)

それは、人間として生きることの当然の権利を、社会的に奪いとっているということでありましょう。人間として生きる権利とは、基本的人権(4)であります。いちおう、日本の民主憲法はそれを保障しています。しかし、それが基本的人権といわれるのは、憲法そのものの基本であるということでありますから、それは法律として守られるというより、かえって国民一人ひとりの人権意識がそれを守るのでなければなりません。そのことは、部落差別を人権の課題としてとらえるならば、差別されている人びとの切実な課題であることはもちろんですが、差別しているもの――それがたとえ無意識的で

人間の尊厳性

あるとしても——の根源的な課題であることをあらわしています。

つまり、明らかに社会のしくみとしてある部落差別は、実は、わたしたち一人ひとりの人間の、尊厳性の問題として問われていることなのです。

部落差別の問題は、今日の時代社会の最深部に、すなわち、ただ社会の全般的な表層の問題としてのみではなく、わたしたち個人のもっとも奥深い精神の領域に、ひとりの人間として生きることの尊さとは何かを鋭く問いかけているのであります。

人間は、人間的価値の領域においてのみ大事なのではありません。人間として役に立つから大事なもの、というわけではありません。人間はそれ自身、尊敬すべきものであり、人間はその人格において尊ばるべきものであります。なぜなら、人間のみがよく世界にいのち——愛と慈悲——を与えるからであります。人間は、自己をも超えるがゆえに尊いのであります。その人格の尊さとは、人間は人間に賜ったものであることを知ることによってのみ明らかとなります。人間の尊ばるべきを知るものこそ人間であります。だれもが部落差別の克服をとおして人間の尊さを学ぶべきであります。

註

(1) 人格＝いかなるものにも手段化されてはならない、それ自身が目的である独立した主体としての人間。

(2) 歴史的現実＝過去におけるさまざまの歴史的条件を基礎として、いま現にわたしたちの事実としてある状態、すなわち、ここでは部落差別の実態。

(3) 理由なき差別＝本質的に何らの差別の根拠がないにもかかわらず、部落に対して外部からの歴史的社会的理由をあげて差別のゆえんとすることのあやまり、つまり被差別部落それ自身に差別の理由があるとすることのあやまり。

(4) 基本的人権＝日本国憲法に「侵すことのできない永久の権利として、現在及び将来の国民に与えられ」ているとあるように、立法・行政・司法の三権もこれを制限できないところの、生命・自由・幸福追求に対する、人間が生まれながらに有している権利。

2　かけがえのない人生

宗祖親鸞聖人は、如来出世の一大事因縁を真実教の明証とし、蓮如上人は、その如来の本願を信ずるわたしたちの因縁を、「後生の一大事」と応えられました。いずれも、わたしたちの〝いのち〟のかけがえのなさを知る心からひらかれた教えであります。遇いがたき本願の教えに遇うことは、同時に受け難き身を受け、かけがえのない諸人《もろびと》の〝いのち〟にめざめることにほかならないのであります。

わたしたちの人生は、ただ一度かぎりのものであります。ただ一《ひと》度《たび》の生《いのち》であるからこそ、だれもが真剣に生をつくさなければならないのであります。

しかし、ただ自明のこととしてかけがえのない人生があるというわけではありません。わたしの人生は、どのような〝いのち〟の意義をもつのかと問うこと——実は、その問いそのものが文字どおりわたしの人生におけるかけがえのない問いかけにほかなりません——そのかけがえのない問いをもつときにこそはじめて、人生がかけがえのない生をつくすものとなるといえるのであります。人生のかけがえのなさは、その生命《いのち》がわたしだけのものでないこと、わたしだけが尊いというものでないことをあらわしています。

部落差別の問題は、そのような生命《いのち》、かけがえのない人生をわたしたちの社会が、いな、わたしたち自身が、無惨にふみにじっていることをあらわしています。しかしながら、人生の尊さ、生命《いのち》の重さを教えるものは、部落差別の問題だけにかぎらないではないか、という意見があります。しかしそのような意見は、わたしたちが、等しくこの差別社会を構成する責任を負うているひとりであることを、十分に理解しないところからでるのであります。被差別部落に生まれたということだけで、その生涯に押された誤れる差別の刻印

（いのちの問いをふみにじるもの）

が、被差別部落の人びとの心に、生活に、ぬきがたい非情さを投影してこないはずはありません。それによって幾多の人びとが悲しくも、かけがえのない人生を自ら断ち、また断たれてきた歴史がそれを物語っています。そのような差別を生みだしている歴史や社会と無関係に、わたしの〝いのち〟があるはずはありません。そうした歴史的・社会的な存在であるわたしたち一人ひとりのうえに、かけがえのない人生の意義と尊さが、発見されてこなければならないのではないでしょうか。

わたしたちの〝いのち〟が歴史的・社会的なものであるということは、わたしたちの〝いのち〟が、人類の歴史と人類の社会から贈られたものであることを物語るものであります。いかなる〝いのち〟もかけがえのない〝いのち〟であります。そして、わたしの〝いのち〟のかけがえのないことに思い至るとき、部落差別の不条理さが、人類の歴史と人類の社会を、根本的に問いかえすことを要求するのであります。

3　交わりのなかから

交わりと人格

人間は、他者との交わりのなかで生きている存在であります。人格はひとりで成り立つものではなく、二人からはじまるものであります。人と人との交わりのなかに人格が成り立つということは、大勢の人が集まって社会ができあがるのではなく、社会――交わり――においてのみ人格が成立することをあらわしています。

交わりを拒否する心

しかし、今日、被差別部落の人びとに対してわたしたちは、そのような自由な交わりを持《たも》ってはおりません。それは、とりもなおさず、人格の平等な社会関係を持ちえていないという事実であります。

部落差別は、被差別部落の人びとが、国民の大多数の人びとから、孤立を強制されている社会的状況であります。それは実際には、人

〝共　に〟

間的な交わりを拒絶されていることであります。

人間としての交わりが持《たも》たれないところには、差別されている人びとはもちろんのこと、差別している人びとの人格も、また人間としての尊厳性も、語ることはできません。なぜなら、人は、人と人との交わりのなかから生まれ、人と人との交わりのなかから人間の尊厳性が輝くからであります。

このような人と人との交わりは、社会的には、人間相互の本当の信頼関係を回復するということであります。そのことは、被差別部落の人びとと共に、差別なき社会を実現する運動のなかで、自分を問うことであります。

第二節　浄土を生きる

1　本願のくに

交わりを開く心

本願[1]の教えは、また浄土の教えであります。浄土は「普願共往生[2]」の世界であります。共に歩まんという祈りに住持《じゅうじ》せられているのが、浄土であります。〝ひとり〟では決して開けぬ浄土であります。交わりを拒否する心は往生浄土の心ではありません。辺地の往生[3]心であります。浄土が広大無辺であるといわれるのは、無辺の人びとの交わりを開く心であります。交わりのなかから人間の尊厳性が、浄土が、開かれてまいります。

意識と経験

わたしたちは、一人ひとり異なった考え方をもっており、また同じ事柄について違った判断をすることが多くあります。それは、生

意識の根っ子に

まれたところや、育ってきた環境や、あるいは教育による違いからくるものでしょう。わたしたちは、その違いをあまり意識することなく生活しております。同じものを見て、批判し感想を述べても、その結果が異なって出てくることは少なくありません。つまり、わたしたちの分別《ふんべつ》は、あるものをあるがままに見ているのではなく、それらの分別の基盤をなしている、一人ひとりの経験の内容が、知らず知らずに、その分別に影響を与えています。ですから、自分に直接関係のないことなら正当に判断できても、自分に直接（利害）関係のあることになりますと、どうしても好き嫌いが判断を誤ったものにします。そして、そのような心のはたらきによって、人と人の関係に濁りや、差別を生じさせていくのではないでしょうか。

こうして、さらにわたしたちは、一人ひとりの心の濁りと差別心によって、今日の悲しみ多き世をつくりだしているのであります。

しかし、わたしたちの考えや、ものを分別する心のはたらきそのものは、実は、身勝手な濁りや差別の社会を求めているのではありません。分別の根っ子にあるものは、美しいもの、清らかなもの、尊いものを求める心、すなわち人間としての安らぎへの願いであります。

人間としての幸せと平和への願いは、すでに、一人ひとりの生命《いのち》の誕生とともに、阿弥陀仏の本願として言いあてられております。阿弥陀仏の本願は、釈尊の出世本懐(4)として説かれ、そして〝本願のくに〟として、わたしたちの心に成就しています。それは、わたしたちだれもの、大いなる安らぎのくにとして贈られているものであります。

本有の願い

如来の本願は、時代（歴史）を越え、民族を越え、国境を越え、さらには宗教の違いを越え、あらゆる人びとの生命《いのち》の底に流れている本有《ほんぬ》の願い(5)であり、根源の願いなのであります。

〝本願のくに〟は、すべての人びとに、いつの世にも、濁りと差別の渦巻く生活のなかにも、絶えず消えることなく、一人ひとりの心の根っ子に、静かに動じることなく、脈々と生き続け、願われ続けているものであります。わたしたちの心が、一人ひとりの生命《いのち》の量りしれない尊さにめざめ、それが深い祈りとなってあらわれ、その祈りがわたしたちの生活のなかに、一つひとつ積み重ねられていくとき、人としての美しさ、清らかさ、尊さが仏国浄土として顕現されるのであります。

註

（1）本願＝菩薩がその因位においておこす誓願で、『大経』の本願は、弥陀因位の法蔵が、弘く衆生を救わんがために、浄土を建立せんと誓った四十八の願いで、特に諸仏の本願と選んで別願といわれ、あるいは宿願とも悲願とも称ばれる。

（2）普願共往生＝『願生偈』回向門「普くもろもろの衆生と共に、安楽国に往生せん」とあるもの。

（3）辺地の往生＝辺地は浄土のかたほとり、おのおの自らのはからいや仏智を疑う心を因として往生する浄土。辺地懈慢の往生ともいう。

（4）出世本懐＝『大経』には「如来、無蓋の大悲をもって三界を矜哀したまう。世に出興したまう所以は、道教を光闡して、群萌を拯い恵むに真実の利をもってせんと欲してなり」と、釈尊出世の本懐が大悲の本懐として説かれている。

（5）本有の願い＝本来だれでもがもっている願い。

千歳の闇室

2　自身を知る

人類の文明の歩みは、さまざまの知識と技術[(1)]を獲得してきた歴史でもありました。しかし、高度に科学文明の発達した現代は、同時に「人間喪失の時代」であるともいわれています。あらゆるものを知り、そして作り出してきたと自負した人間が、皮肉にも人間自身を見失うという結果をもたらしたのであります。

幸福を求めてやまなかった文明の歴史は、今日の科学万能主義のなかで人間に本当の幸せを贈ったといえるのでありましょうか。

たしかに、科学文明は、人間そのものを知識の対象としてその内面の心をも解明してきました。しかし、科学的対象としての人間一般が生きているわけではありません。生きているのは、厳密には自分自身のほかにはありません。わたしたちは、自分のことは自分で一番よくわかっていると思っております。ところが、あらゆるものを知りつくしてきたという科学文明も、そのわたしたち自身を、本当に明らかにしたとはいえないのであります。曇鸞大師はそのような自身の心を、「千歳《せんざい》の闇室」(2)と称《よ》んでおられます。

科学文明の歴史は、確かに人類に豊かな生活を約束してくれました。しかしそこで、わたしたちの生きる条件を整えることはできても、自分自身の本当の解決はできなかったのではないでしょうか。ですから、どれほど文明が進んでも自身がみたされることはないのであります。人間そのものの心を知り、そして解決しないかぎり、本当の人間の豊かさはえられないのであります。

そのような自分自身を知るただ一つの道、それは自分を知らしめる経(鏡)[3]をいただくことです。親鸞聖人は、本願の教えに出遇うことによって知らしめられた自身の心を、「蛇蝎《じゃかつ》のごとくなり」[4]と教えられています。それは、自分の満足のためにはかぎりなく人を利用し、人の心を害し、いな仏をも利用し、あえて仏の心にすら背《そむ》き、人を差別して蔑《さげす》み人間を手段化する心です。

本願の教えの前に立ってみますと、自分自身の内実の醜さは、うたがいもなく自己の満足のために部落差別を許容する自己として映しだされているのであります。そのような自身に気づくとき、かえって〝蛇蝎の如き〟わが心に、如来の大いなる悲しみがそそがれていることを思われずにはおれません。

註

(1) 知識と技術=細分化された自然科学(天文学、物理学、化学、農学、医学など)や、社会科学(心理学、経済学、歴史学など)によって得られた系統的合理的認識と、その科学的認識を応用する科学・工学技術。

(2) 千歳の闇室=『浄土論註』に

まことの人間関係（自由と平等）

は「たとえば千歳の闇室に、光もしばらく至ればすなわち明朗なるがごとし。闇あに室にあること千歳にして去らじと言うことを得んや」と説かれ、光いたれば千年の闇も千年の光となる虚と実の関係をあらわす。

（3）経（鏡）＝善導の『観経疏』に「読誦大乗と言うは、此れ経教はこれを喩うるに鏡の如し」と説かれている。

（4）蛇蝎のごとくなり＝『愚禿悲歎述懐和讃』に「悪性さらにやめがたし　こころは蛇蝎のごとくなり　修善も雑毒なるゆえに　虚仮の行とぞなづけたる」とたとえられている。

3　信心《まこと》の世界

文明の歴史は、ただ人間の欲望を満たすための努力のあとだけではなく、その根底にはたらく〝いのち〟の真理《まこと》を求める歩みであります。しかし、真理《まこと》の世界と申しましても、心に描かれた天国や、頭で考えられた理論ではありません。

まことの世界は、いつわりや差別に満ちたこの人の世に、〝自由〟

と〝平等〟のまことの人間関係として実証されるものでなければなりません。それは世に生きるわたしの喜びとして現前《あらわ》れるものであります。[1]

　真宗は、その生きる喜びを念仏に見い出した教えであります。ですから念仏の信心は如来《まこと》を信ずる凡夫の心でありますが、信心そのものを『御文』には「まことのこころとよめるなり」[2]と教えられています。

　信心を〝まことの心〟と訓《よ》むそのこころは、信心が真実心であり、真理《まこと》を求める心であると同時に、この悲しきことのみ多き世においてなお、生きる喜びを与えんとし、蛇蝎のようなこの凡夫の心にまことを求めてやまぬものが仏《みほとけ》の心であることを示しています。そして自由であり、平等である、まことの人間関係をひらかんとする心こそが、浄土として成就した如来の心であることを教えているのであります。

表裏なき心

浄土建立
（所施趣求）

まことは、すなわち表裏《うらおもて》のない心であります。それは透明な志願であります。表裏のない心は、表裏のない社会をひらきます。そのような社会を求める実践においては、差別しているわたしたちが平等を求め自由を求める心より、差別されている人びとの心にこそ、何が平等であり、何が自由であるかについて、深くかつ、厳しい視座があるといえます。

如来が浄土を建立したもうたのは、ひとえに衆生を救わんがためであります。それは弥陀の本願が底下《ていげ》の自覚(3)に立って選ばれたことを示しています。そして、その願いは浄土として成就せられているのであります。およそ人間は、人間に与えられたものをのみ求めます。すなわち、まことの世界は如来に与えられ贈られているのであります。そのようなまことの世界を念仏の信心において現証(4)しているのが、浄土真宗なのであります。

人を差別し、部落を差別したままの心で信心《まことのこころ》というならば、浄土を世において生きる仏弟子の名に値しないものといわねばなりません。

註

（1）それは世に生きるわたしの喜びとして……＝信心歓喜、『大経』の第十八願成就文には「あらゆる衆生、その名号を聞きて、信心歓喜せんこと、乃至一念せん」と説かれ、『一念多念文意』には「信心歓喜乃至一念というは、（中略）かねてさきよりよろこぶこころなり」と説かれている。

（2）まことのこころ＝『御文』一帖十五通に「信心といえる二字をばまことのこころとよめるなり。まことのこころというは、行者のわろき自力のこころにてはたすからず、如来の他力のよきこころにてたすかるがゆえに、まことのこころとはもうすなり」とある。

（3）底下の自覚＝『浄土和讃』「大聖おのおのもろともに　凡愚底下のつみびとを　逆悪もらさぬ誓願に方便引入せしめけり」。底下の凡愚にめざめること。

（4）現証＝現実の生活として実証していること。

第三節　一《いっ》子《し》地《じ》

1　地獄におちたりとも

地獄、その社会的現実

地獄を説いた『往生要集』[1]には、その世界が地下一千由旬《ゆじゅん》に始まるとしてあります。

そのような世界が説かれたのは、わたしたちの社会が地獄を内実としていることを表さんがためであります。表面的には平和な人びとの生活も、その人その人の心の奥深くには、暗黒の地底があります。貪欲と瞋恚と愚痴[2]の渦巻く世界であります。殺さねば殺されるような世界、そこでは、人間らしい相《すがた》であらわすわけにいかない人間の凄惨な相があります。『往生要集』には、地獄は八大地獄として分類されていますが、その最後に無間地獄[3]が説かれています。それは、生きることもできないし、また死ぬこともできない人間苦そのものの性格をあらわしたものであります。そのような世界は、本当に自らの人生を真剣に考え、忠実に愛し、厳密に問う者ならば感ぜずにおれぬ自己の現実であります。

歴史の業

端的に申しますと、わたしたちは自由と平等の平和な世界を求めながら、現実には差別や動乱の、そして互いに殺し合うというぬきさしならぬ世界をつくってきました。人間として生きることも死ぬことも許されない、心の安まるときのない極苦の世界であります。そのようなわたしたちの心が、具体的につくりだしてきた歴史のなかで、部落差別の現実こそがもっともあきらかにそれを物語るものであります。にもかかわらず、人びとが部落差別の現実を自分の生の内実として見据《す》えようとしないのは、自分たちが地獄を造ってきた歴史の業を負うことを避けるからであります。

地獄を生みだす心

部落差別の現実を無視し、また見すごす心こそ、地獄を生み出す心であり、部落差別を肯定する心であります。このような地獄を自分の暗黒の心の地底に見据えるとは、他人には地獄を贈らんとし、自分にのみ極楽を確保しようとする心を自らのうちに見据えることであり、おのれのこころに〝地獄を見よ〟ということであります。被差別部落の人びとからは、人間として生きる権利を奪い、自分たちだけが人間であることの権利を確保しようとする、そこにはすでに人間と称《よ》ぶことすらできない心の醜い姿があります。

　ですから浄土の生《いのち》は自分だけに極楽を要求する心ではなく、かえって、自身住持の楽に止まる心を超える道を求める時にのみ、共に「地獄におちたりとも、さらに後悔すべからず」（『歎異抄』）といわれるような、如来に住持されて生きる信念のひらかれる浄土の地平が見えてまいります。

註

（1）『往生要集』＝源信僧都が一六〇余の経巻から往生の要文を抜い

て問答体に記したもの。ひろく念仏によって浄土往生を勧めた書。

(2) 貪欲・瞋恚・愚痴＝人間の根本的な迷いを三種として、三毒・三惑・三煩悩ともいい、その心が自他を毒する本であるとせられる。

(3) 無間地獄＝地下の牢獄であるから地獄という。常に苦を受くるに間なく、永遠に苦をたもつところで、それはまさに極苦の世界といわれる。

2 人生の同行者《どうこう》

わたしたちはさまざまの出来事をとおして、幾度《いくたび》となく自分の人生を考えることがあります。たとえば、どんな賑やかな処にあっても、ふと孤独のさみしさにおそわれます。このような時だれしも人の一生はひとり旅をするごときものであると思わせられます。旅するとは、人に逢い、人に別れることでもありましょう。別離に泣き、愛憎に苦しむ[1]人の世は、ひとり旅する心を思わずにはおれません。ですからいつでも人の心は、同じ道を行き、共に歩む同行者を求め

友・同行(2)

ています。喜びも同行者ありて大きく、悲しみも友ありて深いものであります。人生は、そのような同行者を持つことにおいて、より充実してまいります。

親鸞聖人は、念仏の人びとを御同行《おんどうぎょう》と称ばれました。仏教の「慈悲」とか「友」という言葉は、がんらい同じ意味をもっています。それは他人《ひと》の苦しみを我が苦しみとする心、他人の喜びを我が喜び以上の喜びとする心、そしてその心をいい表しているものであります。

人の世の職業《なりわい》はさまざまでありますが、人の世の差別や動乱を超えて本当に人として同じ道を歩むとき、悲しみを共にし、喜びを分かちあうことができるのであります。悲しみは、それを共にすることによって清浄となり、分かちあうことによって喜びは、より豊かになります。しかし道を同じくするのは、ただ一緒に歩くということではありません。道を同じくするとは、倶《とも》に一つの目的を実現する歩みであります。そこに同行者ということがあります。いずれは別々の道に分かれるしばしの道連れというものではありません。往生浄土の行を同じくする者ということであります。

往生浄土の行ということは、わたしたちの生活を仏《みほとけ》の教えから見直すということであります。仏の教えからわたしたちの生活を見直すとき、親鸞聖人は念仏の人びとを〝一子地[3]〟という言葉のなかに見い出されています。往生浄土の道を同じくするものは、如来のこころにおいて「一子のごとし」ということです。すなわち念仏は〝一子地〟の感得にほかならないのであります。

『大勢至和讃』

超日月光この身には
念仏三昧おしえしむ
十方の如来は衆生を
一子のごとくに憐念す

（親友・眷属）

わたしたちの念仏生活のなかに、部落差別を超える心を実証するものこそ〝一子地〟の魂なのであります。念仏者は釈尊の「親友《しんぬ》」[4]であり、弥陀の「眷属《けんぞく》」[5]であるとおおせられます。釈尊の教えに聞き、弥陀の本願に同心するものの道を歩むとき、わたしたちの心により深く部落差別の現実を銘記してゆかねばならないのであります。

註

（1）　別離に泣き……＝人生の苦悩の根本原因である四苦（生・老・病・死）に加えて八苦を説くうち、愛する者に別れる苦痛、怨み憎む者と会わなければならない苦。

（2）　友・同行＝『歎異抄』第十条に「おなじこころざしにして、あゆみを遼遠の洛陽にはげまし、信をひとつにして心を当来の報土にかけしともがらは……」とある。

（3）　一子地＝『信巻』涅槃経引文。仏性は「一子地の因縁をもってのゆえに菩薩はすなわち一切衆生において平等心を得たり」と説かれている。

（4）　親友＝『大経』東方偈に「法を聞きて能く忘れず、見て敬い得て大きに慶べば、すなわち我が善き親友なり」と説かれている。

（5）　眷属＝『浄土論註』荘厳眷属功徳成就「同一に念仏して別の道な

きがゆえに。遠く通ずるに、それ四海の内みな兄弟とするなり。眷属無量なり。いずくんぞ思議すべきや」。

われら

3　御同朋の世界

親鸞聖人はおそらくは御流罪の体験をとおして、人の世の悲しみを生きる人びとを「石・瓦・礫《つぶて》のごとくなるわれら」と称《よ》ばれております。それは自らの自由な意志で生きる時と場所を奪われた者の悲しみに同感された言葉であります。そうして、その悲しみの同感のなかに、本願念仏のはたらきをたずねていかれたのであります。

わたしたちは、もろともに一つの〃いのち〃を生き、そこで一人ひとりが互いの人生を輝かすことのできる世界を求めているのであります。

『讃阿弥陀仏偈和讃』に、

七宝樹林くににみつ
光耀たがいにかがやけり
華菓枝葉またおなじ
本願功徳聚を帰命せよ

とうたわれています。

しかし、現実の社会はさまざまな利害の対立によって、お互いが傷つき、憎しみ合う結果、人として生きる根源的連帯の道を見失っています。

（「根帯」清沢満之）

法蔵の願心

念仏は生死を共にする道であります。如来が衆生と生死を共にし、親鸞聖人がわたしと運命を共にしたもう、そして人の世の悲しみを分かち合う、そこに本願のこころがあります。『唯信鈔文意』[1]に「乃至十念のみなをとなえんもの、もしわがくににうまれずは仏にならじとちかいたまえる本願なり」と説かれる心は、衆生と運命を共にせんという法蔵の誓願をあらわされたものであります。その法蔵の願心こそ御同朋の世界をひらく鍵であります。御同朋の世界は、人生に友ある世界であります。しかしそれは、わたしたちが自分で友をつくるというのではありません。念仏の友はわたしの人生に如来より賜《たまわ》る人びとであります。本願に帰して念仏の人に遇う、念仏に人を賜る、それが御同朋《おんどうぼう》であります。その御同朋に如来の願心をみることができるからです。その願心にわたしたちが、時代を超えて時を共にし、差別を超えて場所を一つにする世界を共有するのであります。

共報の用
（現生正定聚）

　曇鸞大師の言葉に「国土は共報《ぐほう》の用《ゆう》」（『論註』[2]）とあります。浄土に往生するということは、そのときに浄土が共報の用《はたらき》として現前するということであります。往生浄土は浄土に到達したところにのみあるのではありません。むしろ往生浄土の歩みを共にすることこそ浄土の用《はたらき》にほかなりません。わたしたちが浄土を求め、浄土に往生する生活を確立することにこそ、往生浄土の意義があります。し

共報と酬報

たがって浄土は、わたしたちの現実の生活として酬報《しゅうほう》されている(3)と申さねばなりません。

浄土を求める心にひらかれる御同朋の世界を示されて、「共報の用」といわれているのであります。浄土は、そこに到着して人びとが救われる場所として説かれたものではありません。浄土を求める心が、浄土の用《はたらき》として御同朋を見い出す世界が、人びとを救うのであります。そこに「共報」とあります。浄土を求める心にこそ、あらゆる人びとに差別なき御同朋の世界が〝本願酬報の国土〟としてひらかれていることを教えられているのであります。

註

（1）『唯信鈔文意』＝親鸞聖人が、信友、安居院聖覚法印の『唯信鈔』に引用された経文や諸師の釈文を抄録して解釈されたもの。

（2）『論註』＝往生論註、浄土論註ともいう。天親の『浄土論』の註釈。曇鸞作。浄土に往生する要因は阿弥陀仏の本願力によることを明かす。

（3）酬報＝如来正覚によって成就された浄土は、その因位の本願に報われた世界であること。

第二章　部落差別をどのようにして生みだしたか

第一節　身　分

1　封建社会のしくみ

封建制度

日本の歴史において、部落差別がどのように形成されてきたかという問いに対してさまざまの起源説がありますが、制度として確立されたのは近世、江戸時代の政策によるものであることはよく知られています。その政策は身分差別を前提とした社会秩序としての封建制度であります。

封建制度というのは、一部の支配権力者が、領地や人びとを分割所有し支配する政治的なしくみをいいます。

身分制度

すでに、織豊政権[1]のもとで進められてきた兵農分離[2]の政策が、徳川幕藩体制において完成し、さらに発展した封建秩序である身分制度として定着してきました。たとえば十七世紀中頃の五人組制度(3)とか、あるいは村落制度(4)などにそれが現れてまいります。これらの政策は、一部の支配権力が武力で多くの人びとを抑圧し、生産の収奪をはかるための制度でありました。そのような制度のなかでの支配や収奪が厳しければ厳しいほど、人びとの不満や反抗が強まるのは当然でありました。人間の歴史とは、決して単に支配者の歴史ではないからであります。生きようとする権利や人間の解放を願って多くの人びとが立ち上がっていった一揆(5)の記録が被支配者、民衆の歴史を物語っています。

　しかし封建支配者の権力は、このような人びとの根強い抵抗や解放への願いを抑えるために、身分制度を強化し互いに分裂させ、お互いの間に差別の心を植えつけてまいりました。

　職業の違いが、人間の価値の違いであり、また生まれた家柄や地域が、人間の一生を決定していくしくみとなっているのが身分制度であります。徳川幕府が成立して十七世紀の後半には、士・農・工・商の身分の下に、さらに「穢多・非人」と称《よ》ばれる賤民階層を設定して、それを一定の地域に居住させ固定化し、被差別部落をつくり出したのであります。ことに兵農分離以後の江戸時代は、藩経済の基盤である農民支配が何よりも重要な政策でありました。人口の八〇パーセント以上を占める農民支配の要領が、「百姓どもは死なぬように、生きぬようにと合点致し、収納申しつける」[7]ということでありました。このように農民支配を中心とする権力支配機構として完成した身分制度は、厳しい収奪と圧迫を受ける農民の生活の苦しみや、支配者に対する憤りや反発を分散するための安全弁として、「賤民」を徹底的に利用することになるのであります。

こうして、身分制度の最底辺に位置づけられている「穢多・非人」に、すべての差別が集中されました。たしかに「穢多」の下にさらに「非人」が置かれましたが、「非人」は宿命的な身分を意味する

しず（鎮）めの役

（真宗教団の体制化）

ものではなく、ごくまれに元の身分に戻ることができるものでありました。しかし「穢多」と称ばれる人びとには、身分的にまったく逃れ得ぬ苛酷な差別が一身に振り向けられたのであります。

このような封建制度のしくみを維持し、分割支配を強めるために、しずめの役としての部落差別がながく続けられることになったのであります。にもかかわらず、そのことがあたかも、自然発生的にあったかのごとく考えられたり、部落差別は差別される側にその原因があるかのごとき誤った考え方を生みだしてきました。しかもまた、この誤った考え方を人びとに植えつけた原因のひとつに、封建体制にみごとに組み込まれた浄土真宗教団の教化や、その教団の内なる封建体制である寺檀制度があったことを忘れてはなりません。

註

（1） 織豊政権＝国家統一を果たした織田信長および、その意志をついだ豊臣秀吉の政権。

（2） 兵農分離＝豊臣秀吉の刀狩や検地の政策にみられるように、農民の武器所有を禁じ、武士（兵）と農民とを分離し区別させる政策。
(3)　五人組制度＝都市と村落とを問わず、近隣の五戸を一組とし、互いに連帯責任をもって年貢の共同納入、身分法度の遵守、治安の取り締りなどを行わせる制度。
(4)　村落制度＝村は自治的な行政単位であり、村有財産をもち、年貢の賦課収納の責任や訴訟、契約その他の法的行為を負う。日常の村政全体の責任者は、百姓身分の庄屋(名主)・組頭・百姓代の三者の村役人にまかされている。このような村の制度をいう。
(5)　一揆＝中世の中頃から近代初めにかけての支配者の圧政に対する庶民の大衆蜂起とその組織をいう。

地侍(在郷武士)による国一揆、農民の土一揆、一向宗の衆徒で結ばれた一向一揆、幕藩体制のなかでの農民による百姓一揆などがある。
(6)　人口の……＝幕末の人口は三千二百万と推計され、その階層別人口比率は武士六〜七%、農民八〇〜八五%、町人五〜六%、神官・僧侶一・五%、穢多・非人一・六%と推定される(『近世日本の人口構造』)。
(7)　百姓は……＝家康の言葉。『昇平夜話』に「東照宮上意に、郷村の百姓どもは死なぬように、生きぬようにと合点致し、収納申しつけるようにとの上意は、毎年御代官衆、支配所へ御暇たまはる節、仰せだされしと云へり」とある。

2　幕藩体制と真宗教団

本願寺三代の善知識(1)とせられる覚如上人によって、宗祖親鸞聖人の念仏の心を伝承する人びとの集団として願われた宗門は、当初は決して力のあるものとはいえませんでした。しかし、中興の善知識といわれる八代・蓮如上人によって、宗教的にも社会的にも独立を果たした本願寺は、抑圧され虐《しいた》げられている一般大衆の心をつかみ、その宗教的信念を通して結集されたエネルギーは、当時の政治権力者にとって、もっとも恐れられるものでありました。しかし、その後十一代・顕如上人の没後、本願寺の継承をめぐる対立から東西両本願寺に分裂(2)し、それぞれが政治権力への接近を企てていくなかで、その政治的・社会的勢力を確立していきました。やがて、このような政治権力への接近から、両本願寺は本来の宗教的使命を見失って

民衆支配の具に

自己目的化し、しだいに幕藩体制の中に組み込まれていくのでありました。

一方、当時堅固な信仰を持っていたキリシタン信仰を禁止することを目的とした「寺請《てらうけ》証文制度(3)」や「宗旨人別改制度(4)」がしかれ、あらゆるものを封建制度の中に組み込んでいく政治権力の一環として、これらの権限を既成仏教教団に与えてから、本願寺もまた、人びとを管理し束縛する側にまわったのであります。「寺請証文制度」とは、戸籍の管理を寺檀関係として、宗門と民衆を相互に管理固定化することをねらったもので、檀家は、出生・死亡・婚姻・旅行等の戸籍の移動に際して必ず檀那寺住職の証明を必要としました。「宗旨人別改制度」は「宗門改め制」とも称ばれ、民衆のキリシタン化を防ぐための監督・監察を目的としたものであります。これらの民衆取り締りの権限が末寺住職に与えられていました。この結果、東西両本願寺そのものが、門徒大衆なかんずく「穢多・非人」と称ばれた底辺の人びとを裏切る体制となっていくのであります。

当時の体制のなかで、「天子天台、公卿《くげ》真言、公方《くぼう》浄土、禅大名、乞食日蓮、門徒それ以下」と言い伝えられた言葉には、身分階層によって宗教が異なることがうかがわれます。それは、明らかに「乞食」以下と称ばれた賤民階層の人びとが真宗門徒となっているのは、「石・瓦・礫《つぶて》のごとき」社会の最底辺の生きざまをもった人びとを受け入れる教えが、本願寺教団以外になかったことを表しているとともに、宗教がいかに身分制度の固定化の思想的役割を果たすものであったかを物語るものであります。

しかし、そのような封建権力への奉仕に止まらず、徳川幕藩体制の整備と並行して、本願寺教団自身も、本山・中本山・直末寺・孫末寺の本末上下関係をつくり、堂班・寺格を設けて上下の身分秩序を維持していくことになります。とくに被差別部落の寺院に対しては、「穢多寺」(5)として差別的に取り扱い、一八一一(文化八)年にようやく末寺最低の寺格「平僧」並みの扱いを認めたおりさえ、「穢寺僧および穢寺門徒の願事礼金は他の全ての五割増」[6]であるとか、「本山での剃刀《おかみそり》の不許可」など、さまざまの面において不当な扱いを行ってきました。このようにして、教団が幕藩封建体制に呼応して内に封建的身分制を完成し、しだいに体制化していくなかでその宗教的生命を完全なまでに失っていくことになったのであります。

註

（1）　善知識＝かつて大谷派では法主を善知識と称していたが、知識とはその心を知り形を識る義で、知人即ち法友の意である。苦悩する者に対して仏の正しき教法を説いて、真実信心を勧める師友のこと。

（2）　東西両本願寺に分裂＝本願寺十一代顕如の長男教如は、徳川家康の後援を得て、一六〇二（慶長七）年京都東六条の地に東本願寺を別立した。ここに本願寺が東西に分立するに至った。

（3）　寺請証文制度＝徳川幕府のキリシタン禁教を契機として宗門改めが行われた。その一環として、庶民すべてはいずれかの寺院に所属して檀徒となり、婚姻、旅行、移住、奉公などに村役人発行の手形とともに檀那寺発行の手形を必要とした制度で、宗門改め制とともに檀家制度を支える根幹をなした。

(4) 宗旨人別改制度＝宗門改帳の制度に同じ。徳川幕府のキリシタン禁止励行の手段として、庶民全般にわたり家族同居者の構成に基づいて一家一人に照合し、いちいち戸主の印形を押させ、檀那寺に仏教宗派の帰依者であることを証明させ、生所・生年月日などを記し、家主・檀那寺が加判してこれを支配役所に提出させる制度。

(5) 穢多寺＝江戸時代、本願寺の本末制度のなかでの被差別部落寺院に対する差別的名称。俗に「屠寺」、「穢寺」とも称ばれた。

(6) 穢寺僧……＝西本願寺の末寺・門徒からのさまざまの願事受理に際し、本山役人の実務取り扱いの心得を集記した『諸事心得之記』の中の一八一一（文化八）年の文。

3 維新の「解放令」

幕藩体制の崩壊と維新政権の誕生

徳川幕府三百年にわたる封建体制は、その制度の原理にしたがって、ながくその体制を維持するために鎖国政策を国是としていました。幕藩体制の崩壊は、開国と同時に近代国家[1]への転換を意味するものでありました。いわゆる維新政権の誕生であります。幕府の崩壊は、たしかに社会体制の変革への要求が歴史を動かす力となってはたらいたためでありますが、その原動力となったのは薩摩や長州の若い下級武士階級を中心とする倒幕勢力であります。(2)つまり、下級とはいえやはり支配階級に属する武士であったために、直接民衆による反権力的な改革運動とは違っていましたし、そのうえ倒幕の理念が欧米列強からの幕府への開国要求に対して、幕府の政権担当能力への批判から出発した攘夷《じょうい》と尊皇によっているのみであって、幕藩体制を支える身分的社会的秩序についての根本的な反省と批判は、その当初から見ることはできませんでした。したがって近代欧米諸国の侵攻から身を守るために、強力な統一国家を樹立しようという情熱はあっても、徳川封建制の徹底的な改革は果たされませんでした。徳川幕府の権力に代わって生まれた新しい権力体制は、上に絶対的な君主としての天皇を戴《いただ》き、その執行機関として官僚が政治権力を行使し、いちおうの開明政策をとりつつ実質的には専制政治[4]的な、いわゆる絶対主義体制でありました。

新しい身分

明治はじめの版籍奉還《はんせきほうかん》[5]、秩禄《ちつろく》処分[6]、廃藩《はいはん》置県[7]、徴兵令[8]の発布、帯刀禁止令[9]やそれにともなう身分的特権の撤廃など、一連の法令がつぎつぎと出され、政府によって急激な社会変革が行われていることは、たしかに徳川封建体制のなかでは一切許されていなかった職業選択の自由や居住の自由が許され、農民の土地所有権が認められたことを意味するものですが、しかし多くの小作農民など、大部分の下層社会の人びとにとっては、法令はただちに実質的な自由や解放を意味するものではありませんでした。むしろ一八六九（明治二）年の身分制手直しに見られるように、実際は、天皇を国家の頂点として皇族・華族・士族・卒族[10]・平民という近代身分制度が作られてまいります。

賤称廃止令

明治政府は近代身分制確立への過程で、一八七一（明治四）年に太政官[11]からいわゆる「解放令[12]」を布告しました。「穢多非人等ノ称被廃候条自今身分職業共平民同様タルヘキ事」というこの布告は、近世賤民制度の廃止を宣言するものではありましたが、これは決して一般にいわれる「解放令」という名にふさわしいものではなかったのであります。

その理由の一つは、布告の文面が示しておりますように、江戸時代における職業の固定化が解かれたことでありますが、同時にそれは、天皇の神聖性[13]を基軸とした近代身分制の最下位である「平民」に位置づけたということであり、あまつさえ「新平民」という新たな差別呼称を生み出したことに示されるように、実質的な解放とはほど遠いものでありました。その意味では、近世の賤称のみを廃止した「賤称廃止令」と称《よ》ぶべきものであります。

大江卓[14]による賤民身分廃止の建議もありましたが、この「解放令」に付された「府県へ[15]」という布告の内容に、明治政府の「解放令」

布告の動機が如実にあらわれております。

このようにして、「解放令」は近世の賤称を法制上なくしたとはいえ、納税・徴兵・教育の国民的義務をのみ背負わせるばかりか、江戸時代の被差別身分の特権であった皮革産業などを奪うことになり、「解放令」の結果、より貧困な生活を余儀なくされたのであります。

国民の三大義務

しかも、明治新政府による急激な上からの諸変革、いわゆる文明開化は、一般の民衆に将来への不安を与え、そこから起こる根強い反政府感情は、さまざまな擾乱《じょうらん》をひき起こしました。ことに維新前後の一連の反政府一揆が「解放令」反対を掲げていたことは、権力への不満が反対に被差別者に集中したことを示しております。こうして「解放令」は逆に、民衆に新しい差別感情を形成したのであります。

絶対主義的天皇制へ

こうして、明治維新の政策や社会変革が近代化という方向でなされたとはいえ、その後の歴史が示しているように多くの人びとの願いが裏切られました。部落差別という封建的人間観や人びとの差別意識を生みだしてくるような非人間的社会構造の矛盾は、何ら根本的には改められず、むしろ維新近代国家という美名のもとに新たな差別秩序と体制が人びとを縛り、絶対主義的天皇制のもとへとすべてを組み込んで、多くの人びとの自由と平等への願いも、ふたたび巨大な国家の権力機構の中に呑みつくされていったのであります。

註

（1）　近代国家＝封建的身分制を否定して、法のもとに国民すべて平等であるという法治主義を原則とする民主的国家。日本の場合は、維新以後に成立した天皇制絶対主義の君主政体をいう。

（2）　維新＝すべてが改まって新しくなること。明治維新。直接には、一八六七（慶応三）年十月、徳川幕府最後の将軍慶喜の大政奉還から、同年十二月、明治天皇の王制復古宣言、翌年徳川幕府の倒壊を経て、明治新政府成立に至る一連の統一国家形成への政治改革の過程。歴史的にはこの前後の時期にかなりの幅がある。

（3）　倒幕勢力＝徳川末期、幕府打倒を目ざして起こった尊皇攘夷から倒幕運動に至る主勢力が薩摩・長州の二藩。その政治運動としての内容は、武力による倒（討）幕だけでなく、公武合体論から大政奉還による幕府から朝廷への平和的政権移譲をも含めているものであった。

（4）　専制政治＝民主政治、立憲政治の反対概念。国民の政治参加、自由権、議会制を軽視または否定して、少数の支配者が専断で政治を行うこと。

（5）　版籍奉還＝一八六九（明治二）年、藩主が土地（版）・人民（籍）を朝廷に還納するという形で、あらためて藩知事に任命されたこと。廃藩置県に至る一過程。

（6）　秩禄処分＝明治政府が行った徳川幕藩秩禄（家禄および賞典禄を合わせたもの）の整理処分をいう。この処分は、禄制改革、禄制整理、禄制廃止の三段階で行われたが、それらの負担は、国家収入の約三割であったという。

（7）　廃藩置県＝一八七一（明治四）年、明治政府が全国の藩を廃して府県を設けたこと。これによって幕藩体制が根底からくつがえされ、中央集権体制確立と国内統一は一応完成した。

（8）　徴兵令＝一八七三（明治六）年、強兵政策のため発布された法令。国民皆兵、強制徴集を原則としたが、免役や代人の制があって富者の利するところとなり、一般大衆、特に農民は租税の過重とともに二重の苦痛を受けることになった。

（9）　帯刀禁止令＝一八七六（明治九）年三月二八日発布された太政官

布告第三八号をいう。これによって「規制アル服着用ノ節ヲ除ク外」の帯刀が禁ぜられたが、これはそれまでの士族の特権を奪うことであるため、神風連の乱などの士族の憤激をかった。

(10)　卒族＝明治維新後一時期に、旧武士階級の一部に付けられた身分呼称。士族のうち足軽以下の下級武士をこれにあてた。しかし一八七二(明治五)年一月には卒族は廃止され、一部は士族に、一部は平民に編入された。

(11)　太政官＝太政官は一八六九(明治二)年七月に設置された最高庁。一八八五(明治一八)年、内閣創立と同時に廃止。

(12)　解放令＝解放令という称び方は大正期から言われたことであり、適切な名ではないが、一般的通例に従い、「　」を以て示した。

(13)　天皇の神聖性＝侵しがたい神的性格をいう。天皇の絶対的な統治権と専制権のより処として「天皇ハ神聖ニシテ侵スベカラズ」(大日本帝国憲法第三条)とうたっている。

(14)　大江卓＝一八四七〜一九二一。土佐藩出身。一八六七(慶応三)年、土佐藩陸援隊に入り倒幕運動に加わる。民部省官吏、神奈川県参事を経てのち財界に活躍。明治末から財界を退き、被差別部落に対する融和事業に専念する。

(15)　府県へ＝本文の「解放令」に付されている。内容は「穢多非人等ノ称被廃候条一般民籍ニ編入シ身分職業共都テ同一ニ相成候様可取扱尤地租其外除蠲ノ仕来モ有之候ハヽ引直シ方見込取調大蔵省へ可伺出事」とある。

第二節　分割支配

1　封建社会の原理

断ち切られた社会関係

徳川封建社会は、まず第一に兵農分離を徹底化することによって、支配者（武士）と被支配者（庶民）の区別が完全にそれぞれの生活様式にまで浸透するとともに、その身分が諸法度《はっと》をもって固定化したときに完成したといえます。しかもこのような、人びとのさまざまな身分の階層によって形成された社会が、それに加えて藩体制という封建制度の構造原理にしたがって地域的に分割されているために、人間の身分分割と同時に、横には地域的分割を余儀なくされるのであります。その結果人びとは、縦にも横にも断ち切られた社会関係しか持《たも》てなくなるわけであります。これが封建社会の分割支配の目的でもありました。すなわちこれが幕府の全国統一の原理でありました。

分割支配の固定化

各藩の領主たる大名の配置も、そして五人組の結成も、藩と藩の間に、村と村の間に、さらには人と人との間にこのような分割から生まれる相互の不信感を利用することによって、互いに牽制《けんせい》し合い監視させるという意図からでた方策でありました。結果として、封建社会の完成は人びとの交流を断ち切り、個人・村落・藩・国を通じて、閉鎖的性格を強くしたのであります（鎖国）。

士・農・工・商という身分の代々にわたる固定化は、このような分割支配の原理によって、職業の区分がそのまま階層秩序として制度化されたものといえるのであります。

社会外の社会

やがてこのような身分社会は、その固定化の度合いが深まるにしたがって、社会外の社会、つまり身分外の身分を形成してまいります。身分社会《セクト》は、それからの除外者を自身の社会構成の保持のために要求するからであります。こうしてあらゆる職業から切り離され、人びとからも切り離された被差別部落の人びとがつくられてきたのであります。

2　徳川封建社会の思想

政治思想としての儒教

日本の歴史のうえで、近世からの思想の中核をなすものは儒教であります。儒教が日本に伝えられた(1)のは仏教よりも以前といわれていますが、この思想が社会的政治的思想として広く人びとの倫理道徳となり、庶民の生活にまで浸透していったのは徳川封建社会になってからであります。がんらい、政治的思想としての色濃い性質をもつ儒教も、それまでは朝廷や一部の特権階層のあいだの教養として、博士家《はかせけ》(2)や京都五山(3)の禅僧などのあいだに学ばれていたにすぎませんでした。それが戦国時代に至って戦国武将の政治的要請で地方

生活倫理

にも儒者が赴《おもむ》き、武家支配層の思想として次第に広まっていく傾向があらわれてまいりました。やがて、諸国の武将の治国安民[4]の道として、また武家の〝仁義忠孝〟〝主従の倫理〟を説くところの重要な役割をになう思想となってきたのであります。

しかし徳川が天下を統一し全国支配をなしとげたとき、あらためて儒教は、徳川幕藩体制を制度化し思想統制をするための官学[5]としての位置が与えられてまいります。

徳川幕府創建期における朱子学[6]の儒者、藤原惺窩《せいか》[7]や林羅山《らざん》[8]はもと僧門出身でありましたが、のち還俗し、従来、上層階級のものであった儒教を、庶民の生活倫理にまで拡大した最初の人たちでありました。

彼らの思想は〝天道[9]〟、〝天〟の主宰を説き、〝天〟こそが「天地間のあるじ」であり、天の主権はそのまま封建支配の世俗権力をとおして具体化すると説いています。ここに、徳川封建社会の権力者が「天の代理人」であり、しかも一切万民の主君として庶民を支配する権能と資格があるとしたのであります。そして庶民は被支配者として主君に奉仕し、それぞれの職分と身分に応じて生きることが、「天の道」にかなうものであるという思想でありました。

封建制度の二つの本質的関係様式

封建制度の中心は「主従関係」と「家族制度」にあることはよく知られています。身分の上下をつらぬく「主従関係」と「家族に対する当主の統制権」がこの社会を維持するための基本的様式であり、その関係様式を支えたものが儒教の五倫（五常）[10]道徳でありました。

五倫五常

五倫というのは、五つの人間関係における秩序をあらわすものでありますが、それらの人間関係は、尊卑の観念によって厳格な上下の「区別」を内的な自覚にまで徹底することによって、その上下の人間関係を構造的に結合せしめるものであります。ですからこの倫理が常に支配者側のための道徳であったことは言うまでもありません。当然、平等の関係として考えられる朋友関係にあっても、「朋

「家」

友の序」としての上下関係が考えられていたようですらあります。

　このような「主従関係」を基本にした倫理の内容は、「親と子の関係」に擬《ぎ》せられたものであっただけに、いま一つの封建社会の本質である「家族制度」とこの「主従関係」の倫理が相乗《そうじょう》するとき、上下の関係は「家」の身分として完全に固定化してくるのであります。こうして徳川封建制度は、一糸乱れぬ〝家柄〟という桎梏《しっこく》で人間を縛ることによって、社会の秩序を守ろうとしたのであります。

　身分の外に置かれた「穢多・非人」階層の人たちもまた間接的にこの五倫の思想によって、それが当然の宿命であり、〝天の理〟にあうこととせられてきたのであります。

註

（1）　儒教の伝来＝ふつう二八五（応神天皇の十六）年、百済の王仁が『論語』と『千字文』をもたらしたのに始まるとされる。

（2）　博士家＝律令制の大学寮で、陰陽寮、典薬寮で詩文や歴算、医薬などを教授した教官を博士といい、大学寮では七二八（神亀五）年に定員一人、八三五（承和二）年に紀伝博士を併置して定員二人となり、平安中期以降、菅原・大江両家が独占するに至る。
（3）五山＝禅、臨済宗で最高の寺格を示す代表的寺院の総称。一三八六（元中三）年に制定された京都五山とは、南禅寺、大徳寺の下に天龍寺、相国寺、建仁寺、東福寺、万寿寺の五カ寺を指す。
（4）治国安民＝儒教の聖典「四書」の一つ『大学』に「治国平天下」の条が挙げられ、君子の修むべき徳が、国を治め民を安んずる道であると説く。
（5）官学＝幕府で正式の学問と定めた学問で、朱子学がそれにあたる。
（6）朱子学＝宋代に発展した周濂渓（しゅうれんけい）に始まり朱子に至って大成した儒教思想系統の総称。程朱学、道学あるいは広く宋学ともいわれる。「五経」（易経・書経・詩経・礼記・春秋）中心から「四書」（論語・孟子・大学・中庸）中心に改まり、宇宙と人性の関係をあかす形而上学として完成したもの。
（7）藤原惺窩＝一五六一～一六一九。もと相国寺の禅僧で朱子学を志し還俗。のちに家康にたびたび講義をした。儒学を博士や五山の禅僧から独立した学問としての礎石を築いたといわれる。
（8）林羅山＝一五八三～一六五七。もと建仁寺の禅僧。還俗して惺窩の弟子となり、師の推薦で徳川幕府の政治顧問となり、林家の官学の宗家たる基をひらいた。徹底した排仏論をとなえる。
（9）天道＝人間をはじめ動植物を生ずることは天道の所為であるとい

う。天体の運行から動物、植物、人間の一切の自然的、道徳的現象は天命によって生起し、天の支配下にあるとする教。

(10)　五倫五常＝五倫とは、君臣・父子・夫婦・兄弟・朋友の五つの人間関係。五常は人の守るべき五つの道徳、仁・義・礼・智・信。

3　仏教と儒教倫理

仏教は人間の社会関係を超えて、一人ひとりが宗教的自覚に立つことによってかえって人間を仏者として成就しようとする教えであります。それに対して儒教は人間の社会関係を五倫としてとらえ、そのうえに〝天の道〟を実現することを説いています。したがって、社会的関係のうえに人倫を説く儒教倫理は、世俗の権威を否定し、社会的関係を超えて三宝[1]にのみ帰順することを説く仏教とは、基本的に相容れないものがあるのは当然のことであります。

しかるに中世鎌倉時代の儒教は、禅僧によってもたらされた宋学が中心でありました。ほんらい儒教が政治的実践の学問であったのに対して、この宋学は静観を主とする哲学であります。もっとも宋学自身が唐代に栄えた仏教（華厳哲学[2]）に、少なからずその影響をうけて成立した学問であるだけに、仏教的思考法に親しみやすく、ついには儒釈不二[3]とすら言われるまでに至りました。

したがって幕藩体制の思想的基礎づけが要求されたとき、それまでは仏教が占めていた位置（鎮護国家[4]としての仏教）が、容易に儒教と入れかわることができたのであります。ましてや幕藩体制をより強固なものとして確立するためには、民衆のもつ反権力的宗教エネルギーを奪うことが求められ（たとえば一向一揆[5]の弾圧やキリシタン弾圧[6]）、民衆の分割支配も幕府の宗教政策をとおして一層徹底されました。そして官学的地位についた朱子学は、ただ支配者、武士階層のみならず、市井《しせい》の儒者たちによって、広く民衆の生活規範として定着させられていったのであります。

一方、封建社会の政治的強制下の仏教もまた、分割支配の対象となり、世俗化を余儀なくされ、本来の仏教精神を喪失し、封建的身分秩序を支える儒教倫理とさして変わらないものとなったのであります。

仏教の世俗化

こうして、儒教倫理が仏教にかわり人びとの人間観や信仰となって沈潜して行き、わたしたちのぬきさしならない体質となって今日的にも現存しているのであります。このような思想の流れの背後に、儒教のもつ社会倫理思想の実践性を、さらに民衆の宗教性にまで高め、固定観念化したのはむしろ仏教であったといっても過言ではありません。

註

（1）　三宝＝仏教徒が尊敬し帰依すべき、仏宝と法宝と僧宝の三つ。

（2） 華厳哲学＝華厳経の中心教理である法界縁起・事々無礙を説く哲学思想。

（3） 儒釈不二＝宋学は鎌倉期の禅僧によってもたらされ、五山禅僧によって用いられ、やがて禅宗の教義に融合し儒釈不二とまでいわれ、窮理尽性は見性成仏、持敬静座は座禅と同一であるとさえ説かれた。

（4） 鎮護国家＝古代奈良朝以来、国費で国分寺が建立され、荘園と奴婢が与えられ、朝廷からあつく保護された仏教は、もっぱら鎮護国家、すなわち天皇家の安泰をいのることを使命とした。

（5） 一向一揆＝十五世紀半ば（室町末期）より、北陸、東海、近畿で本願寺の僧侶、門徒が新興の土豪層と連合し、戦国大名の領国制支配と戦った宗教一揆。ついには信長により鎮圧される。

（6） キリシタン弾圧＝第二章第一節（五十一頁）参照。一六一三（慶長一八）年、徳川幕府によって全国的にキリスト教信仰が禁止され、天草・島原の乱の後「ふみ絵」を行うなど徹底した弾圧が行われた。

第三節　さまざまの起源説

1　職業倫理

部落差別の政策的意図

部落差別の始まりは、これまで見てきましたように自然発生的なものではなく、その基盤には権力支配構造、つまり徳川幕府の政策的意図がありました。しかし、その政策的意図を受け容れ、差別を正当化し、人びとにその差別社会の構造を定着させるには、民衆自身にそれなりの思想的倫理的要素がなければなりません。そのように考えてみますと、部落差別の起源を歴史的に探ることによって、さまざまの起源説が提起されてきます。職業起源説・宗教起源説・異民族起源説などがその代表的なものであります。

職業起源説

職業起源説とは、被差別部落の人びとは昔から〝賤業[1]〟に従事してきたから差別されるのだという考え方であります。けれどもよく考えてみますと、職業起源説にしろ、後に述べる宗教起源説、あるいは異民族起源説、その他さまざまの起源説の根底には、幕藩体制のなかで民衆の生活心情にまで受容せられた職業倫理観[2]があります。

徳川封建社会の制度は、支配者の地位と権力を守るための制度でありました。士・農・工・商という職業身分化も、結局は「士」のための「農・工・商」(庶民)という構造でありました。徳川封建社会においては、身分はそのまま職分であり、職分が人格の尊卑上下の観念としてはたらいていました。そこでは職業は生まれによって定められ、百姓の子は百姓、職人の子は職人、商人の子は商人になるしかない宿命的なものであり、それが人間の守るべき倫理——天職[3]——でありました。職業は世襲的に強制され、自由に選択することは許されませんでした。

職業の身分化

このように、徳川封建社会の身分制度が儒教的倫理観によって裏打ちされ、身分は単に観念的なものに止まらず、職業倫理として社会的実践的意義をもつものでありました。基本的には、封建制度はすでに述べましたように支配者のための制度でありました。士・農・工・商の身分が人間の尊卑上下の秩序であるのは、封建社会の基盤を不動ならしめようとする意図に基づくものであります。身分がそのまま職分であったのは「分」を守ることが人間の美徳とされ、結果的には人間の差別を忍従することが要求されるような職業倫理でありました。

たとえば「人に四等あり。曰く士・農・工・商。士以上は心を労し農以下は力を労す。心を労する者は上に在り、力を労する者は下に在り。心を労する者は心広く志大にして慮《おもんばかり》遠し。農以下は力を労して自ら保つのみ。顚倒すれば天下小にして不平、大にして乱る」（『橘窓茶話』[4]）のごとく、天職の名において職業が身分化されることを倫理的に正当化することは、まさしく権力構造を覆いかくすためのものであったといえます。したがって身分制度によって格づけされた社会秩序から排除されたものは、倫理的例外者(5)であると同時に職業的にも四民から排除され、社会的に認められた職業につくことも許されず、こうして職業的にも人格的にも差別社会が形成されたのであります。

註

（1）　賤業＝一般的に人のいやがる職業が、職業観の成立とともに卑しい職業として考えられ、仏教の不殺生観に影響されて牛馬の屠殺や、遊芸にたずさわる業を賤業としてきた。

（2）　職業倫理観＝職業のもつ個人的・社会的な、総じて職業の倫理的意味を明らかにするもの。

（3）　天職＝自らの職業を、天の使命として、自分のもつ才能・性質にもっともふさわしい職業と考えること。

（4）　『橘窓茶話』＝雨森芳洲（一六六八〜一七五五）の作。彼は朱子学者で、字は伯陽、橘窓と号した。中国語に通じ対馬藩につかえた。

（5）　倫理的例外者＝社会的関係をたもつための善悪を心得ぬ人間的な資格をもちえないもの。

尊貴卑賤の観念

2　宗教起源説

職業起源説についてはさきに触れましたように、職業の身分化によって部落差別が造られたという説であると申しましたが、それは直接被差別部落の人たちの職業が差別の対象になったということではなく、むしろ被差別部落の人たちを社会的職業から除外したということにあります。しかし尊貴卑賤の観念(1)において部落差別が人びとの心に深く根づいているかぎり、単に儒教倫理のみによって形成されたものとはいい難いものであります。尊貴とか卑賤の観念は、倫理道徳そのものをさらにその根底において支えている宗教的観念であると考えられるからであります。

宗教起源説

宗教起源説の内容は、仏教の放生《ほうじょう》思想(2)や不殺生戒《ふせつしょうかい》などを、被差別部落に対する忌避(3)や賤視観(4)に結びつけて、その起源を説明するもの

（宿業と宿命）

で、さらには仏教の発生地、インドの社会構造であるカースト(5)（四姓制度）の差別構造に類似しているところから、部落差別の起源を仏教思想に見ようとするものであります。また、仏教思想のもつ自己の宗教的自覚を表現する「宿業」という言葉が、被差別部落の人びと、ひいてはすべての社会的身分を、宿命的なものとして諦観《あきらめ》させる教説であるように利用されていたからであるといわれるものであります。また職業起源説による部落差別は被差別部落の人びとが多く屠殺に従事していたからといわれます。そしてそれが仏教の不殺生戒に背くものとして、宗教的に忌避されてきたとされるものであります。

たしかに、不殺生戒は戒の第一であり、仏道修行の始めに守るべき戒であります。それは仏教が〝いのち〟を愛する道を説くかぎり当然であります。仏教は人間の〝いのち〟のみが〝いのち〟であるとは申しません。いかなる〝いのち〟も〝いのち〟としては平等であると説きます。さればこそ不殺生戒が第一に説かれるのでありま す。また、殺生は十悪[7]の第一におかれます。戒は仏教精神（慈悲心）を学ぶものの守るべき道として説かれたものです。したがって戒を犯さずには生きられないわたしたちの生きる悲しみの自覚を、まず第一に不殺生戒によって要請するのであります。倫理的な意味で禁止しているのではありません。ですから戒によって人を差別するとすれば、それは戒の設けられた本来の意義を知らざるものといわねばなりません。にもかかわらず、不殺生戒がそのような被差別部落の人びとを差別する口実になってきたとすれば、それは仏教の本当のこころを故意にゆがめてきたということにほかなりません。

つぎにインドの社会構造として世に知られ、現在もなお生き続けているカースト制度と徳川封建社会の身分制度との類似は、いうまでもなく、前述しましたように儒教の社会倫理と相乗することによって、よりいっそう人びとの心に強く影響を与えたことは確かであります。現在わたしたちの聖典である『観無量寿経』の序分(8)に、このカーストをあらわす「栴陀羅《せんだら》(9)」の言葉がありますし、宗祖もまた『浄土和讃』(10)にこの言葉を使用しておられます。

さらに「宿業」という表現は、周知のように宗祖の法語のなかには見当たりませんが『歎異抄』のなかには見られます。しかし、この「宿業」ということが、〝不浄思想〟や儒教的倫理観にもとづく〝尊貴卑賤の思想〟と結びついたとき、人間の逃れることのできない天命論(11)や宿命論(12)となり、封建的身分制度のなかで人びとに忍従とあきらめを強制するものとなったのであります。そして宗教的自覚をもたらし、人間の平等の祈りを開く仏教の精神さえもが、かえって賤視や差別を生み出すものに転落したのであります。それは差別の構造の本質を見失わせ、かえって差別を正当化するごとき教説となり、部落差別の宗教起源説の理論的根拠となって、人びとの心のなかに深く潜在するようになったのであります。

註

（1）　尊貴卑賤の観念＝人間を尊いものとしてつかえられる位にある人と、卑しいものとして蔑まれる人があるとする心のはたらきと考え方。
（2）　放生思想＝日ごろ生活のなかで殺生をおかした罪を償うために、時に捕えた生きものを殺さず放ち逃せばその罪業をのがれるとした思想。
（3）　忌避＝忌みきらって避けること。
（4）　賤視観＝いやしいものとして見下し蔑む観念。
（5）　カースト＝種族、職業、宗教の区別によって決定される、インドにおける身分階層制度。一九三一年には二七一八種の階層があったが、現在はそれ以上といわれる。
（6）　諦観＝ものごとの実相を明らかに知ることが本義であるが、一般に、人間的努力を断念することと誤解せられている。
（7）　十悪＝身・口・意の三業の悪を分類したもの。
（8）　『観経』序分中の一文＝「未だむかしにも聞かず、無道に母を害することあるをば。王いまこの殺逆の事をなさば、刹利種を汚してん。臣聞くに忍びず。これ栴陀羅なり。宜しく此に住すべからず」
（9）　栴陀羅＝インドにおける四姓の階層からもれた最下層の人びと。
（10）　『浄土和讃』観経意＝「耆婆月光ねんごろに　是旃陀羅とはじしめて　不宜住此と奏してぞ　闍王の逆心いさめける」
（11）　天命論＝人間の吉凶禍福は天の支配によるものであり、一切の現象は天から定められた自然の運命であるとする論。

(12) 宿命論＝人間の運命は前世から定まっているし、すべての事柄は神の予定した運命に支配されるとする考え方。

3　異民族説

人種的差別観

ながい差別の歴史のなかで、被差別部落の人たちがあたかも日本人でなく異国の人びとの子孫であり、人種、民族(1)を異にする人たちであるというまちがった観念を固定化した異民族説があります。それは日本人が単一民族(2)であるかのごとき誤解を前提としています。

異民族説の虚妄

日本の民族的構成をみても単一民族からなるのではなく、朝鮮・蒙古・中国あるいは北方及び南方諸地域の人びとが、日本に渡りついて形成された混合民族であることは明らかであります。しかし、異人種・異民族であることと部落差別が結びつけられたり、人びと

差別の実体化

のなかにそのことが思想として浸透していったのは近世以降、とくに徳川中期の儒教の影響(3)によりますし、さらに決定的となったのは明治国家成立以後のことであります。ですから部落差別の異民族説は、決して科学的にも説得力のある起源説とはいえません。にもかかわらず部落を差別する人びとが「あそこは違うのだ」という表現で被差別部落をさす場合、それとして意識的には明確ではなくとも人種的な差別感をあらわしています。

職業起源説も宗教起源説も人格の差別であります。それが人種が違うのだという差別にまでもたらされるとき、異民族説としてあらわれてきます。つまり、差別が完全に実体化したことを示します。ですからこのような異民族説は、被差別部落に対する悪意に満ちた差別感を正当化するための、もっともらしい俗説以外の何物でもありません。しかし、このような俗説なればこそ、人びとの差別意識をもっとも鋭く表現しているとも申せます。

政策としての異民族起源説

徳川時代のながい鎖国政策は、一民族一国家という閉鎖的な視野しか持ちえぬ民族性を、知らずしらずのうちに創り上げてきました。しかし、部落差別の異民族起源説を考える上で忘れてならないことは、明治以後の対内外の政策と思想であります。欧米列強に対して劣等感と恐怖感をいだいた明治政府は、一方では西洋の文物を積極的にとり入れる開化政策を行い、他方、中国大陸や朝鮮半島に対しては侵略政策をとり、その蔑視と差別観を国民に植えつけることによって、一八七二（明治五）年に「三条教則」[4]によって作成せられた「教導職」[5]「十一兼題」[6]等にみられるように神国思想を鼓吹し、さらには「教育勅語」等にみられる万世一系の皇国史観[7]によって、日本民族があたかも固有の単一民族であるかのごとき観念を育ててまいりました。わたしたちが現在においてもなお国際的な感覚を持ちえぬこともまた、部落差別に疑問をすら抱かぬようになってきたことの大きな原因であるといえます。

（三条教則と教育勅語）

わが信心の反省

　わたしたちは部落差別が、このような異民族的な差別観にまで深化してきた歴史と思想の背景を、さまざまの起源説をとおして学ばなければなりません。

　ただ、わたしたちは、このようなさまざまの部落差別の起源説を知ることが重要なのではありません。このような歴史の学びを通して、仏教の歴史観である、三時教史観が明確にされることこそ大事であり、真宗が末法の教法であること、つまり、聖道の仏教が行証を失っている歴史のなかに、浄土真宗だけが仏教の行証を回復した事実（親鸞聖人）を、忘却してきた教団の歴史があることを銘記しなければなりません。そしてそのことは、わたしたちが、真宗のまことの信心に立ち得ていなかった歴史の現実を反照するものであります。

　今日、わたしたちは、部落差別の歴史そのもののなかに、自らの信心の迷謬《めいびゅう》を発見するのであります。

註

（1）　人種と民族＝人種は、人類を生物学的に区別したもので、遺伝学的な身体上の諸特徴を共有する集団。民族は、生物学的、自然人類学的特徴にかかわらず共通の生活様式や文化、感情、意識を基準として設定された人間の集団の最大単位。また種族・部族が地縁集団の最大単位であるのに対し、民族はそれよりもさらに統合レベルの高い人口や領域規模の大きい文化共同体の単位である。

（2）　単一民族（国家）＝一民族から成り立っている国家。

（3）　徳川中期の儒教の影響＝たとえば、荻生徂徠（一六六六〜一七二八）。江戸中期の儒者。古文辞学派の開祖。彼は自らの儒学（古学）を復古学として、それまでの朱子学を批判し、政治経済の学問として展開した。

（4）　三条教則＝明治政府が国民教導の基準として定めた三カ条の教則。神道家は三条教憲とよぶ。「一、敬神愛国の旨を体すべきこと。一、天理人道を明らかにすべきこと。一、皇上を奉戴し朝旨を遵守せしむべきこと」

（5）　教導職＝政府の宗教による国民教化策にもとづいて、一八七二（明治五）年に設けられた職。政府は最初神道国教政策をとったが、仏教界の反撃が強く、一八七二（明治五）年に教部省を設置し、神官・僧侶を教導職に任命することにした。等級は十四級に分かれ、国家の官吏に準ずるものであった。しかし、そこでも政府は、神道を仏教の上位におこうとして、神官はすべて教導職に任命するが、僧侶には試験を課した上で任命した。また設置と同時に各宗に教導職管長をおき、宗内の取り締りをおこなわせた。教導職教育機関として一八七三（明治六）年に大教院が設置された。教導職の教導する内容は三条教則にもとづくことが要請された。その内容において、神道色が強く、仏教界からの抵抗のため、一八七五（明治八）年大教院は廃止され、一八八四（明治一七）年には教導職が廃され、宗教教師の任命は各宗管長にまかされた。

（6）十一兼題＝政府が国民教化のため教導職に与えた説教の題で、三条教則の内容を具体的に示したものである。後に、一八七四（明治七）年九月には各管長の希望により、十七兼題を課している。十一兼題「一、神徳皇恩の説。二、人魂不死の説。三、天神造化の説。四、顕幽分界の説。五、皇国の説。六、神祭の説。七、鎮魂の説。八、君臣の説。九、父子の説。一〇、夫婦の説。一一、大祓の説。」

（7）皇国史観＝万世一系の天皇の統治を中心に、日本の歴史、文化を理解しようとする歴史観。

第三章　いかにして部落差別を克服するか

精神的伝統・文化的体質としての部落差別

第一節　差別問題の照準

1　見えざる差別に

これまで見てまいりましたように、部落差別の始まりは徳川幕府の政治的意図にもとづくものであったとはいえ、その差別が今日のわたしたち日本人の精神的伝統・文化的体質になるまでに定着してきたところに、部落差別を克服する課題のもつ困難さがあります。

明治の「解放令」以来、一世紀にわたる解放を求めてきた人たちの闘いによって、ようやく克《か》ちとった行政措置は、たしかに被差別部落の環境改善や教育、就職など、部落差別の現実の改善に効果をあげていることは事実でありますが、しかしこの差別が精神的伝統・文化的体質になるまでに定着している問題は、意識的にも社会

（国民的課題）

構造上においても、根本的には未解決のままであるといっても過言ではありません。部落差別の克服が日本の〝国民的課題[1]〟となったとはいえ、まだまだわたしたちの心に差別の社会構造を受容し、培養していくような事実が現存するのであります。その現実を今日的課題として、いかにして克服するかが問われています。

沈澱する差別意識

部落差別は、部落という地域共同体ぐるみの差別であるかぎり――そこに日本の社会構造の体質があらわれています――緊急にしてかつ具体的な改善、行政的措置を要請するのは、社会的、歴史的にみて当然のことであります。しかしそれらの行政措置による歩みの反面、部落差別の意識はかえって人びとの心の奥底に重く沈澱していく面も見逃すわけにはまいりません。

差別と表現

たとえば差別語の問題があります。被差別部落の人びとに対する露骨な差別呼称はいまや、解放闘争のなかで次第に見られなくなってきていますが、それをもって差別的現実が解消したとはいえません。むしろそのような言葉が言いかえや禁句というような形で、かえって地上（公然となされていたもの）から地下の見えざる差別として沈澱しています。

この沈澱した差別する意識の問題は、行政では十分に捉えることのできない、そしてまた、自らにおいても気づき得ないほどに困難な問題であります。このようなわたしの心に深くひそむ差別の意識を、いかにして克服するか、ここに親鸞聖人の教えに聞くわたしたちの差別問題に取り組む照準があります。

いかにして克服するか

註

（1）国民的課題＝同和対策審議会が総理大臣の諮問に対して行った「答申」（一九六五（昭和四〇）年）のなかに「いうまでもなく同和問題は人類普遍の原理である人間の自由と平等に関する問題であり、日本国憲法によって保障された基本的人権にかかわる課題である。（中略）その早急な解決こそ国の責務であり、同時に国民的課題である」とうたわれている。

2　わが心に問う

差別心の力

見えざる現実にまで深められた部落を差別する心は、それゆえに必ずしもわたしたちの日常生活から突出した差別発言や、差別事件としてのみ現れるものとはかぎりません。すなわちそれがわたしたちの精神構造を支えているものであるかぎり、わたしたち自身の差別する心そのものは、逆にわたしの意志や努力では、どうにもならぬような力をもっています。

なんとなくはたらく差別心

たしかに一人ひとりの人間が被差別部落をつくり出し、社会の差別構造をつくったわけではないという意見があります。しかしながら、わたしたちが差別のしくみやその社会的不合理を、矛盾ともせずに生きているそのことこそ、あきらかに一人ひとりの差別する心が部落差別をつくり出すものであることを示しています。それは〃なんとなく〟はたらくような差別意識として生きています。直接的には差別言辞にはならなくとも、無意識のところではたらいているものであります。「部落は違う」というような異和感や、「部落のひとはこわい」というような意識のなかで、そこからさまざまな偏見とゆがめられた被差別部落の虚像がつくり出され、言い伝えられていくのも、心の底のどこかに〝部落〟として共同体ぐるみで排除しようという、共同体を構成する個人の明確な自立的精神の欠落が〝空気のように〟部落を差別する心につながっています。

部落差別を助長する仏教理解

封建的身分秩序の慣習やその文化的影響のなかで、仏の教えさえ部落差別を助長するように理解され、そして何の矛盾も感ぜられないままに学ばれてきました。たとえば、後述するように本願についての教えすら、ながいあいだ被差別部落の現実を、地獄・餓鬼・畜生という三悪趣《さんまくしゅ》(1)として説明する過ちを犯してきたのでありますし、むしろ積極的に真宗教化に利用してきたことも忘れてはならないことであります。

仏教の十界(2)という考え方は、実体的な世界としてそれを固定するものでなく、まさに菩提心《ぼだいしん》(3)の内観において把握された自覚的世界の内容を分類したものであります。仏教に背き、自己に背いた三悪趣としての在り方から、仏として完成する在り方を示すことによって、菩提心の歩みを展開したものであります。

しかし、このような菩提心の展開をそのまま人間の、上下の差別の現実にあてはめ、それを実体化することによって、差別構造を正当化するものとして説くなら、人びとの求める自由と平等を、かえって仏の名において障碍する仏教といわねばなりません。わたしたちは、部落差別というわたしたち自身の差別の心を、部落差別の現実のなかに沈潜しながら、差別を超える視座を獲得することによって、仏教本来の精神を回復する覚悟に迫られているのであります。

魂

註

（1）　三悪趣＝趣は道とも訳され、衆生がその業によって導かれ趣くところの世界。

（2）　十界＝宗教心における迷いとさとりの世界を十種に分けたもの。すなわち、地獄・餓鬼・畜生・阿修羅・人間・天上・声聞・縁覚・菩薩・仏の十界。

（3）　菩提心＝無上正真道意と訳され、仏果に至り、さとりの智慧を得て人間の真実を求めようとする心。宗教心。

3　朽《く》ちざる解放への祈り

ながい部落差別の歴史を負うて、わたしたちは部落を差別し、部落の人びとを蔑視することが当然のことであるかのように生きてきました。明治維新前後の擾乱《じょうらん》(1)にみられたように、部落の解放を叫ぶ人びとにすら憎しみの眼をもって報いてきました。今日もなお、そのような心を拭い去っているとは考えられません。しかし部落差別の現実を学ぶことによって、差別をよしとする心の底にも、このような差別動乱の世を、遠く超えるような世界を願わずにおれぬ心が息づいていることに、気づかれるはずであります。それは永いながい差別の歴史のなかでも、差別をうけてきた人びとのなかに、静かに、朽ちることなく、流れ伝えられてきた魂であります。そのような心が解放の叫びに触れる時、差別動乱の現実を内から突き破って息吹いてくる人間の自由なる魂を感ぜずにはおれぬはずであります。

部落差別を超えようとする願いは、ただ差別されている人びとだけのものでなく、差別をよしとしてきた人びとにもその差別をよしとしてきた己の心に問い、自らの差別心をえぐり出そうとするところに、その願いは息づいているはずであります。差別する者と差別された人びとと、差別の現実においては対立していますが、差別そのものにおいてはその業を共にしています。たびたび申しますように、差別する者がなければ、差別は起こり得ないからであります。

国土の祈り

仏教ではそれを共業《ぐうごう》(2)と申します。ですから差別を克服しようとする心においては、差別された人びとも差別してきた者も同じ願いに立っています。同じくにを求めているのであります。

菩提心のあゆみは、このような同じくにへの願いを自らの心に発見するところに始まります。『大無量寿経』に説かれる法蔵菩薩の第一願は「無三悪趣の願」と称《よ》ばれるものでありますが、それはまさしく法蔵が、地獄・餓鬼・畜生の現実にそのあゆみをしるしたことをあらわし、人の世の真実《まこと》を求める者に発《おこ》る祈りであることを物語っています。悪趣を徹底的に自らの存在の基盤として体感したところに、「国に三悪趣あらば、正覚を取らじ」という誓いを発しうるのであります。

「国に三悪趣なからしめん」ということは、誰しもうなずかずにおれない祈りでありますが、このわたしたちの祈りが如来法蔵の誓いに出遇うとき、この祈りは全人類の歴史をつらぬく祈願に連動するものであります。

誰しもいだく願いが、如来浄土の〝願〟から流れきたってわたしの心に結実していることを知るとき、まさにわたしたちの祈りは一見、小さなものであっても、その内実は兆載永劫《ちょうさいようごう》のいのちの流れを想わしめるものであります。

註

（1）擾乱＝入り乱れること。乱れ騒ぐこと。紛争。

（2）共業＝一般に他と共通するものを共法といい、これをひきおこす行業を共業という（社会業）。他と共通しない独特のものを不共法といい、これを引きおこす行業を不共業という（個人業）。

第二節　念仏の心

無三悪趣の願

1　仏道に背《そむ》くもの

「我が国に三悪趣なからしめん」という如来の願いは、わたしたちに差別の現実を克服しようとする心を促すものであるということを学んできました。その願いは、差別の実態に目をそむけて社会を改善しようというのではありません。現に三悪道に生きていることの自覚がなければ、そうした覚悟も生じるはずはないからであります。三悪道に生きている自覚もなく「我が国に三悪趣なからしめん」という誓願がおこされるなら、それこそ裏返しにされた「三悪趣」の心といわねばなりません。なぜなら、そこでは本当に三悪趣の苦悩は理解されていないからであります。この願の言葉は、差別動乱の現実に苦しむ流転のわれらと、運命を共にする如来の決意というべきであります。

わたしたちは、現実に被差別部落とそこに住む人びとのうえに、三悪趣を実体視[1]するあやまりを犯してまいりました。三悪趣の〝ことば〟の本来の意味を回復するなら、むしろそのように被差別部落を三悪趣としてきた人間の心こそが、三悪趣の心そのものとして見えてくるはずであります。また、わたしたちの差別するという行為は、わたしたちが三悪道の住人であることを自ら表明していることにほかなりません。

わたしたちの社会の基礎構造として、また人間生存の基本的なあり方に深くかかわる部落差別の現実は、わたしたちの身の事実が仏道に背き、菩提心を喪失してきたことを明らかにしています。いいかえれば、仏道に背き菩提心を喪失しているこの身の事実を、法蔵の「無三悪趣の願」に問い返されるべきであります。すなわち、このような仏道に背いてある身が、法蔵菩薩の大乗仏道の魂に呼び戻されるとき、この悲しみがかえって地獄を担う力に転ぜられるのであります。

部落差別の実態を仏道に背いた自らの在り方において見い出すということは、被差別部落の人たちに同情して、どうにかしようということではありません。逆に被差別部落の人びとの眼に見開かれた社会の矛盾を、悲しみと祈りを、わが世界、わが祈りとして解放への実践にまで主体化するということであります。

註

（1）　実体視＝仏教で虚妄分別をいい、無いものを有ると見て、その観念に実体があると執着すること。

2　憫《あわ》れみと悲しみ

智慧を説く仏教は、また慈悲を説く教えであります。ふつう「慈悲」とは「抜苦与楽《ばっくよらく》」と説かれ、苦悩のほかなき人間を愛《いと》しみ憫れむ心といわれます。衆生を憫れむ心が悩める衆生に楽を与えるはたらきを「悲」といい、衆生を愛する心が衆生の苦しみを抜くはたらきを「慈」といいます。

常識的には慈悲といえば、他の人間のありさまを見て憐れんだり、同情するような心として受けとられています。そうなりますと、そのような慈悲は、人をみくだし人を蔑《さげす》む心ともなります。それはただ、自己の他人に対する優越を誇る最も傲慢《ごうまん》な姿勢であって、かえって人間の尊厳性と自立性を傷つける結果にしかなりません。自尊《じそん》毀他《きた》(1)よりおこる慈悲は、いつでもこのような同情心や憐愍《れんみん》の心に転

無縁の大悲

落するのであります。

仏教では〝縁〟の違いによって生じる慈悲を三つに分類しています。まず〝衆生縁の慈悲[2]〟といわれるのは、わたしたちの人間関係、親子・夫婦・兄弟などの血縁や地域共同体の地縁などによって生じる慈悲心です。それだけに範囲が限られていますので〝小悲〟といいます。また〝法縁の慈悲[3]〟とは菩薩の慈悲とも称《よ》ばれ、諸法無我[4]の悟りにあらわれる慈悲で、〝衆生縁〟のように人間的関わりのなかでのみあらわれる慈悲ではありません。つまり、可愛いからとか気の毒だとかというような心理的なものでなく、真理の法に縁ぜられて起こるような慈悲であります。これを〝中悲〟と称んでおります。さらに仏の慈悲は〝無縁の大悲[5]〟といわれるように、あらゆる差別の心を離れて、生きとし生けるものに同体して起こるものでありますから、一切の縁（慮）を超えています。つまり、絶対平等の慈悲であります。

このように仏教が慈悲の教えであるということは、人の世の差別動乱の痛みと悲しみのなかから、その痛みと悲しみを包んで、共に生きることによってそれを超える道を教えるからであります。そのような慈悲こそ『大無量寿経』に如来の悲願として示されたものであります。被差別部落の人たちを憐れむ心こそがかえって差別をうみ、自らの差別の心を悲しむ心のみが、差別を克服する心に応えるものであります。

註

（1）　自尊毀他＝自らを尊とし、他人を傷つけおとしめること。善導の『般舟讃』には「此の貪瞋の火を縦（ほしいまま）にして、自ら損じ他人を損じ」とあり、自障々他、自損々他と同意。

（2）　衆生縁の慈悲＝曇鸞大師の『浄土論註』荘厳性功徳を表す文。「慈悲に三縁あり。一つには衆生縁、これ小悲なり」

（3）　法縁の慈悲＝同右「二つには法縁、これ中悲なり」

（4）　諸法無我＝この世の一切の存在は無常であるから、そこにはいかなる常住不変の実体もないという如実の智見。

（5）　無縁の大悲＝『浄土論註』「三つには無縁、これ大悲なり。大悲はすなわちこれ出世の善なり。安楽浄土はこの大悲より生ぜるがゆえなればなり。かるがゆえにこの大悲を謂いて浄土の根とす」の文。

願作仏心
度衆生心

3　浄土の慈悲

人の世の悲しみを知る者は、慈悲のこころあるものであります。人の世の悲しみを知る心は、直接には自身の救いを求める弱き者の心でありますが、その救いを求める心は同時に世の救いを果たさんとするこころでもあります。世を悲しむ心は、ただ自分だけが楽を得てよしとするこころではないからであります。わたしたちに、そのような人の世を救わんとする強い心があるとは思いもよりませんが、それにもかかわらず、世を悲しまずにおれぬこころには、人の世の悲しみを救わずにおれぬような自身への要求があります。しかしながら、人の世を悲しむ己《おの》が心を救わんとして救いうるならば、

聖道の慈悲
浄土の慈悲

悲しみとは申せません。むしろ、救わんとして救いえざる身の現実にこそ、悲しみは深く現れます。このような解決の困難な人の世の悲しみを課題とする心は、決して、ただ人間のうちからは生まれてまいりません。ですから慈悲の教えにも、聖道門と浄土門によってその実践的相違があります。

聖道門の慈悲は、〝ものを憫れみ育《はぐく》む〟心であります。しかし、わたしたちはそのような慈悲を徹底することができないことを見てまいりました。聖道の慈悲は、たしかに人間の尊いこころでありますが、人を〝憫れみ育む〟心は、所詮すえとおりたるものではありません。浄土の慈悲はむしろ、人の世を憫れむことによって直接に人を救わんとするよりも、人の世を悲しむ心に徹することをとおして、人の世に慈悲のこころをひらかんとすることであります。

それは、聖道の慈悲の理想主義的実践にくらべてみますと、迂遠《うえん》なようにみえますが、理想主義的な慈悲の実践が、どうしても同情

凡夫の実践原理

融和的な姿勢を超えることができないのに対して、浄土の慈悲は自らのこころに主体的な慈悲を確立しようとするものであります。浄土の慈悲は〝わがはからいにて行ずるにあらざるもの〟であるからであります。聖道菩薩者の実践ではありません。

さればこそ浄土の慈悲は、如来の行にしたがうことのほかなきものであります。凡夫の実践原理であります。それは直接に社会的実践としてあらわれるものでなくとも、差別を克服する生活実践であります。

親鸞聖人は「念仏もうすのみぞ、すえとおりたる大慈悲心にてそうろう」と教えられています。被差別部落の人たちを憐れみ悲しむというのでなく、差別する自分の心の悲しさを徹底することをとおして、浄土の〝いのち〟を人びとと共にすることこそ、解放の道であることを教えられるのであります。

第三節　平　等　覚

1　四姓平等

インドには、仏教以前の宗教にバラモン教[1]があります。この教えがインド社会に及ぼした影響は、今日もなお四姓の身分制度として生きつづけ、インド社会の近代化の最大の障害となっているといわれます。

バラモンとは、〝梵行〟とか〝浄行〟という意味をあらわす言葉であります。バラモン教の中心は、身心を清浄にし、持つということにおかれ、そのための最大の努力が払われるのであります。仏教でも清浄行ということを説きますが、いずれも大切な修道上の概念であります。

四姓制度

仏教も成立当初からバラモン教の影響を少なからず受けていることは周知のとおりであります。しかしそのことは、バラモンの教説を無批判に受容したものということではありません。

バラモン教の四姓制度は、ブラーフマナ（司祭階層）・クシャトリア（王族、貴族階層）・ヴァイシャ（農工商階層）、そして第四にはシュードラ（被征服者である奴隷階層）であり、さらにその下にはアンタッチャブル[2]といわれる「不可触賤民」をもつ社会構成であります。これはあたかも、徳川期の士・農・工・商、さらにその下に「穢多・非人」をおいた身分制の構造と形の上ではよく似ています。それで、インドの四姓制度が中国の儒教思想と融合して、日本の身分制と酷似していることから従来の宗学者の中には、経典に説かれている「栴陀羅《せんだら》」を「人間にあらざる人間、畜生」と解して、しかも日本の「穢多・非人」に当てて説明を加えているほどであります。

いずれにせよ、釈尊はこうした四姓制度をまっこうから否定され、すべての人びとが如来の前に平等であることを説かれました。「生まれによって賤しい人となるのではない。生まれによってバラモン（清浄者）となるのではない。行為によって賤しい人ともなり、行為によってバラモン（清浄者）ともなる[3]」とか、「四姓の者も仏教に帰すれば、みな釈尊の弟子として釈種の子となることは、あたかも四大河の水がみな一つの海に注ぐが如くである[4]」といわれていることは、釈尊の教えが当時の社会状況に対して目を閉じるものではなく、かえって鋭い批判をふくめ、平等の地平をひらく課題を自らに背負われたものであることを示しています。

こうした言葉によって、今日、釈尊の遺弟《ゆいてい》を名のるわたしたちが部落差別の現実を許容している事実にあらわれているように、その仏教理解がいかに不実不純なものであるかを思い知らされるのであります。

註

（1）バラモン教＝ブラーフマナ階層を中心として発達した民族宗教。ヴェーダの宗教を継承し、今日のヒンドゥー教に発展している。

（2）アンタッチャブル＝カーストの外におかれる最下層の人びと。

（3）生まれによって……＝スッタニパータ（岩波文庫『ブッダのことば』三一頁）

（4）四姓の者も……＝『増一阿含経』巻二一。取意。

念仏に生きる

（荘厳眷属功徳）

2　浄華《じょうけ》の人びと

他力の信心を得た人を、浄華のひと（1）と称《よ》びます。如来の正覚《さとり》を凡夫の煩悩の泥濁に染まぬ蓮華に譬《たと》え、その正覚の花のなかから生まれた人という意味でこのようにいわれます。『浄土論』には「如来浄華衆、正覚花化生」と頌《うた》われています。浄華とは本願の言葉であります。如来の正覚《さとり》とは四十八願にほかなりません。だが、念仏のひとというのは、如来の正覚《さとり》を理解した人というのではありません。むしろ、如来正覚のなかに生まれたひとであるということであります。それは煩悩の泥濁を華の池に化すという意味で、化生と名づけています。凡夫が仏の正覚《さとり》に帰すことによって信心を獲得するということは、ただ考え方を改めたというだけのことではありません。信心を得るということは、本願に遇うことによって仏を念じ、煩悩の生活のなかに浄華の人生をひらくのであります。それを如来正覚のはなより化生したひとというのであります。

わたしたちが念仏の教えに生きることは、如来の正覚《さとり》から生まれた身という意味をいただいて生きることであります。「十方無碍人、一道より生死を出でたまえり[2]」といわれます。凡夫が救われるのは、如来の本願を信じて生きることひとつよりほかありません。

ですから、如来正覚のはなより化生した人びととは、「同一に念仏して別の道なし」と説かれています。念仏のひとは、共に浄土を生きる人であります。浄土を期《ご》すひとは、あらゆる人間的条件を超えて、共に如来正覚のはなの座を同じくするひとであります。念仏の信というのは、如来の本願に生まれ出た身の確信であります。そこに開かれる世界は、「衆水、海に入りて一味なるがごとし[3]」といわれるような光景であります。如来正覚のはなの上には、凡夫も聖者も、善人も悪人もありません。人として、父母を縁として世に生まれたものでありますが、父母から生まれたものではなく、ましてや家柄から生まれたものでもありません。念仏者の世界は、一人ひとりが如来正覚より生まれたかけがえのない〝いのち〟を共に生きている世界であります。

註

（1）浄華のひと＝『安心決定鈔』末に、「『往生論』に〝如来浄花衆、正覚花化生〟といえり。他力の大信心をえたるひとを浄華の衆とはいうなり。これはおなじく正覚のはなより生ずるなり。（中略）仏心を蓮華とたとうることは、凡夫の煩悩の泥濁にそまざるさとりなるゆえなり。

なにとして仏心の蓮華よりは生ずるぞというに、曇鸞この文を、〃同一に念仏して、別の道なきがゆえに〃（論註）と釈したまえり。〃とおく通ずるに、四海みな兄弟なり〃（同）」とある。

（2）十方無碍人……＝『行巻』論註（華厳経引文）

（3）衆水、海に入りて……＝『行巻』正信偈。

3　四海兄弟《けいてい》

雑生の世界（異　生）

わたしたち生あるものの世界を、曇鸞大師は〃雑生《ざっしょう》〃の世界と称《よ》んでおられます。〃雑生〃とは、命《いのち》の四種の生まれ方――四生(1)――になぞらえて、わたしたちの生活経験によってつくられる感情の多様性を示したものであります。それは、各人によって世界観の内容が異なっているように、個人の生活経験における人格の独自性でもあります。一人の生きる世界がみな異なっていますから、凡夫を〃異《い》生《しょう》(2)〃とも称ばれます。ですから苦しみとか楽しみと申しましても、

苦楽の共有

人それぞれの差異があります。厳密には生きるということに一般論はありません。まさに苦楽万品《くらくまんぼん》であります。

しかも真《ほんとう》の苦楽は決して個人的なものではありません。わたしだけの苦しみならば、その苦もわたしの生をみたすものではありませんし、わたしだけの楽ならば、その楽も真《まこと》の楽とは申せません。苦しむ人の苦を共有し、楽しむ人の楽を共有するとき、苦楽する生が徹底するのであります。

しかるに、わたしたちが〝雑生〟の世界にあるかぎり、わたしたちの幸せは決して長続きしませんし、楽しみの時はそれを失うことの不安がつきまといます。それぞれの楽しみの違い、苦しみの異なり、幸せ、喜びの違いからおこる差別と動乱が、この世の常なるさまであります。それは、わたしだけの楽しみを求め、わたしだけが苦しみから逃れたいという心によってつくられている世界であるからであります。

「かの安楽浄土は正覚阿弥陀の善力のために住持せられたり。（中略）住は不異不滅に名づく、持は不散不失に名づく[3]」と説かれています。わたしたちが仏に帰すとき、あらゆる人間の社会的条件を超えて、そこに平等一味[4]の人間の〝いのち〟の風光に輝く浄土のこころを得ることが教えられているのであります。如来に支えられたこころに生きるものは兄弟であります。曇鸞大師は「遠く通ずるに、それ四海の内みな兄弟とするなり[5]」と教えられています。兄弟の意味は、住む家を同じくしつつ、しかも人格において独立した平等の関係をたもつ間柄をあらわしています。人間社会において、そのような理想の間柄をもっているものはほかに見当たりません。つまり、それぞれにおいて〝自由〟であり、同時に〝平等〟である真の関係に喩えられているのであります。

このように、社会の〝自由〟でかつ〝平等〟の間柄を支えるものこそ、「如来善住持」の浄土であり、そのような浄土のこころをとおして、わたしたちは現に、部落差別克服の地平が彼方にひらかれるときを信じうるのであります。

註

（1）　四生＝胎生、卵生、湿生、化生。

（2）　異生＝『探玄記』十に、「異生は異見に執して生ずるが故に異生という」とある。

（3）　『論註』荘厳主功徳成就の文。

（4）　平等一味＝一切の衆生は自他不二の世界であり、如来の前に平等であること。

（5）　『論註』荘厳眷属功徳成就の文。

『仏の名のもとに』改版第八刷発行にあたって
―本書における「同和」の語の使用について―

二〇〇四年三月、「同和審議会」から『具申書』が出され、宗門内においてはその語源などに鑑み「同和」の語は極力用いないようにすべきであるとの見解が示されました。その見解に基づき、宗門は「解放運動」との新たな名のりを得るとともに、「解放運動推進本部」への名称変更をはじめ、「同和」の語が用いられている事業名や発行物などの見直し作業を行い、適宜言葉を改めてまいりました。

その流れのなかで、発刊当時の宗務総長の「はじめに」、そして、「同和推進本部」が記した「解説」に、「同和運動」など数箇所の使用がある本書についても見直しを行いましたが、結論として、以下の理由に基づき当面、現状のまま発行を続けることといたしました。

①「同和」の語が用いられている文章が、発刊当時の状況を色濃く反映した記名文であり、「同和」の語が用いられている部分だけを、現在的視点から手を加えることに無理がある。

②本文には「同和」の用語の使用はない。

③現在的視点からの改訂版作成に向けて検討を開始している。

ただし、「同和学習テキスト」という副題は、前述②とも関連しますが、本書の各章が「部落差別」との言葉をもって表題とされていることからも、「部落差別問題学習テキスト」と改めることが適当と判断いたしました。

なお、「同和」の語の問題性などについては、前述の『同和審議会具申書』をご参照ください。『具申書』は、『真宗』二〇〇四年七月号二十八頁、解放運動推進本部紀要『身同』第二十四号・第二十五号合併号三十一頁に全文収載してあります。読者の皆様のご理解をお願いいたします。

解放運動推進本部

仏《みほとけ》の名《みな》のもとに―部落差別問題学習テキスト―

1978(昭和53)年10月25日　初版発行
1985(昭和60)年９月１日　改版第１刷発行
2015(平成27)年９月10日　改版第10刷発行

編　集　真宗大谷派解放運動推進本部
発行者　里　雄　康　意
発行所　東本願寺出版
(真宗大谷派宗務所出版部)
〒600-8505 京都市下京区烏丸通七条上る
TEL 075 - 371 - 9189
FAX 075 - 371 - 9211
E-mail shuppan@higashihonganji.or.jp
真宗大谷派(東本願寺)ホームページ
http://www.higashihonganji.or.jp
印刷所　中　村　印　刷　株　式　会　社

ISBN978-4-8341-0139-3 C3015

乱丁・落丁本の場合はお取替えいたします。